Komm.de

Deutsch und Kommunikation für berufliche Schulen
Arbeitsheft mit Lösungen

Erarbeitet von:

Michael Benzing

Ines Hildt

Manfred Maier

Dr. Ulrich Nill

Reinhild Vogt

Ernst Klett Verlag
Stuttgart Düsseldorf Leipzig

1. Auflage   A 1 ⁵ ⁴ ³ | 2006 2005 2004

Alle Drucke dieser Ausgabe können im Unterricht nebeneinander benutzt werden,
sie sind untereinander unverändert. Die letzte Zahl bezeichnet das Jahr des Druckes.

© Ernst Klett Verlag GmbH, Stuttgart 2002. Alle Rechte vorbehalten.
Internetadresse: http://www.klett-verlag.de
Herausgeber: Manfred Maier
Redaktion: Jutta Klumpp

Gestaltungskonzeption und Layoutsatz: Artbox Grafik und Satz GmbH, Bremen

Illustration: Peter Lowin, Bremen

Druck: Ludwig Auer GmbH, Donauwörth

ISBN 3-12-804039-7

INHALTSVERZEICHNIS

1. Sich vorstellen 4
2. Erzählen 6
3. Berichten 10
4. Texte verstehen 14
5. Inhalte wiedergeben 26
6. Schaubilder wiedergeben 30
7. Beschreiben 32
8. Medien als Informationsquellen nutzen 34
9. Argumentieren 40
10. Stellung nehmen 44
11. Kritik üben – auf Kritik antworten 48
12. Freies Reden vorbereiten 50
13. Mit Kundinnen und Kunden umgehen 54
14. Werben 58
15. Telefonieren 60
16. Geschäftliche Schreiben verfassen 62
17. Sich bewerben 68
18. Visualisieren 72
19. Protokollieren 78

Stoffübersicht 80

SICH VORSTELLEN

Individuelle Lösung

Mein Steckbrief

Name:
_____

Alter:
_____

Name meines Ausbildungsbetriebes:
_____

(Foto)

Meine Hobbys:
_____
_____
_____

Meine Lieblingsmusik:
_____
_____

Mein Charakter:
_____
_____

Was ich zum Leben brauche

Das brauche ich unbedingt	Darauf kann ich verzichten	Darauf könnte ich eventuell verzichten
_____	_____	_____
_____	_____	_____
_____	_____	_____
_____	_____	_____
_____	_____	_____
_____	_____	_____

Meine neue Schule

Was ich erwarte	Was ich befürchte
_____	_____
_____	_____
_____	_____
_____	_____
_____	_____
_____	_____
_____	_____

SICH VORSTELLEN

Mein Beruf und ich

1 a) Kreuzen Sie an, welcher Gesichtspunkt für Ihre Berufswahl am entscheidendsten war.
Individuelle Lösung

- [ ] Beratung durch das Arbeitsamt
- [ ] Rat von Freunden/Bekannten
- [ ] Rat der Eltern
- [ ] Betriebspraktikum
- [ ] Schon längere Zeit Wunschberuf
- [ ] Keine andere Wahl

b) Erläutern Sie das Angekreuzte kurz.
Individuelle Lösung

_____
_____
_____
_____
_____
_____

2 Notieren Sie vier Punkte, die Ihnen im Beruf wichtig sind. Beginnen Sie mit dem Wichtigsten.
Individuelle Lösung

3 Kreuzen Sie an, wie Sie Ihr Können bewerten. *Individuelle Lösung*

	++	+	0	–	– –
A Kontakt zu fremden Menschen aufnehmen					
B In kürzester Zeit neue Bekanntschaften schließen					
C Meinen Tagesablauf in allen Einzelheiten beschreiben					
D Nach Plänen perfekt arbeiten					
E Eine Aufgabe bearbeiten, ohne lange nachzudenken					
F Eine Arbeit ohne Vorplanung erledigen					
G Leicht Entscheidungen treffen					
H Spontan reagieren					
I Planen und organisieren					
J Aufgaben fristgerecht ausführen					

4 Listen Sie auf, was in Ihrem Beruf von Ihnen verlangt wird. *Individuelle Lösung*

Extrablatt

5 Beschreiben Sie, welche Rolle in Ihrem Beruf die Dinge spielen, die in Ihrem Leben wichtig sind.
Individuelle Lösung

SICH VORSTELLEN

ERZÄHLEN

1 Situation

Endlich Pause! Simone war froh. Die Sonne schien um die Mittagszeit schon kräftig, sodass sie beschloss, in den nahe liegenden Park zu gehen. Dort gab es eine kleine Milchbar, die täglich ein günstiges Mittagessen anbot. Heute standen Spaghetti Bolognese, Simones Leibspeise, auf der Karte. Ihr Magen hing schon beinahe bis in die Kniekehlen, so hungrig war sie. Nachdem sie sich ihre Spaghetti geholt hatte und sich gerade genüsslich an einen der Holztische setzen wollte, bemerkte sie, dass sie das Besteck vergessen hatte. Nur ungern trennte sie sich von ihrem Teller und holte sich an der Kasse rasch einen Löffel und eine Gabel. Als Simone zu ihrem Tisch zurückkehrte, ließ sie vor Schreck fast ihr Besteck fallen ...

a) Entscheiden Sie, wie die Geschichte weitergehen könnte.

Individuelle Lösung

☐ traurig

☐ geheimnisvoll

☐ völlig unwirklich

b) Bringen Sie den Erzählplan für eine lustige Fortsetzung der Geschichte in die richtige Reihenfolge.

9	Der Hundebesitzer rutschte beinahe auf einem Klacks Soße aus.
1	Ein Bernhardiner saß auf ihrem Stuhl.
5	Die Kassiererin schloss die Kasse.
10	Er lud Simone zu einem Mittagessen zu dritt ein.
6	Sie eilte mit einem Stück Wurst zu Simones Tisch.
3	Der Teller war leer und sah aus wie gespült.
8	Mit hochrotem Kopf stürmte der Hundebesitzer in die Milchbar.
4	Die Gäste an den Nebentischen amüsierten sich.
7	Draußen hörte man laute Rufe: Boris, Boris!
2	Der Hund schien Simone anzugrinsen.

Erzählen

Vorarbeit
✗ Ablauf der Erzählung planen
✗ Festlegen, ob als Außenstehende/r oder in der Ichform erzählt wird

Aufbau
✗ Kurze oder keine Einleitung
✗ Auf einen Höhepunkt zustrebende Handlung mit plötzlicher Wende
✗ Schluss kurz nach dem Höhepunkt

Zeitform
✗ Präteritum (Vergangenheit), seltener Präsens (Gegenwart)

Sprache
✗ Treffende Adjektive (Eigenschaftswörter) und Verben (Tätigkeitswörter)
✗ Wörtliche Rede und Vergleiche
✗ Abwechslungsreicher Satzbau
✗ Spannend, lebendig
✗ Ausdruck der Gefühle und Gedanken
✗ Verzögern oder beschleunigen

2 Ergänzen Sie,

a) was Simone dachte und fühlte, als sie zu ihrem Tisch zurückkehrte. *Individuelle Lösung*

Nach dem ersten Schreck machte sich in Simone ein Gefühl der Heiterkeit breit. Bei dem Anblick, der sich ihr bot _____

Simone musste in ihrem tiefsten Inneren _____

b) was der Gast am Nebentisch dachte und fühlte, als er das Geschehen um Simone beobachtete.
Individuelle Lösung

Der Mann am Nachbartisch dachte an seinen eigenen Hund, der ihm auch schon so manchen Streich gespielt hatte. Seit seinem Kegelausflug vor vier Jahren _____

Er fühlte sich völlig ohnmächtig, weil _____

Grammatik

3 Setzen Sie die Verben (Tätigkeitswörter) an passender Stelle und in der richtigen Form im Präteritum (Vergangenheit) ein.

begrüßen, bemerken, beugen, bewegen, bezahlen, ducken, erinnern, ertappen, fragen, gehen, hängen, kommen, können, schauen, schleichen, schnappen, sein (4x), sitzen bleiben, stolzieren, thronen

Ihr Platz _war_ schon besetzt. Ein mächtiger Bernhardiner _thronte_ auf der Holzbank. Er _beugte_ sich gerade über die letzten Reste der Spaghetti. Mit treuem Blick, als könne er kein Wässerchen trüben, _begrüßte_ er Simone. An seinen Lefzen _hingen_ noch ein paar Spaghetti. Einige Gäste an den Nachbartischen _schauten_ belustigt auf die Szenerie. Ein Gast _war_ selbst Hundebesitzer und _erinnerte_ sich daran, wie sein Hund einmal nicht vor einem Lebensmittelgeschäft _sitzen blieb_, sondern unbemerkt in den Laden _schlich_ und sich zielstrebig in Richtung Wursttheke _bewegte_. Die Verkäuferin _war_ anderweitig beschäftigt und _bemerkte_ ihn nicht. Ganz genüsslich _schnappte_ er sich einen halben Ring Fleischwurst und _stolzierte_ Richtung Ausgang. An der Kasse _duckte_ er sich, sodass ihn die Kassiererin nicht sehen _konnte_. Als sein Herrchen aus dem Geschäft _kam_ und ihn mit einem Rest Wurst _ertappte_, _ging_ er noch mal zurück, _fragte_, was fehlt, und _bezahlte_ die Wurst. Insgeheim _war_ er aber auch stolz auf seinen pfiffigen, selbstständigen Hund.

4 Erweitern Sie den Text aus Aufgabe 1, sodass die Geschichte durch eine Verlangsamung spannender wird.

Individuelle Lösung

Endlich Pause! Simone war froh. Die letzte Stunde wollte einfach nicht vergehen. Alle fünf Minuten schaute sie auf die Uhr. _____

_____

_____

So hungrig war sie. _____

_____

_____

Sie hatte das Besteck vergessen. _____

_____

_____

5 a) Markieren Sie in dem folgenden Text die Wörter, die auf Eile und Hektik hinweisen.

Simone beschloss in den nahe liegenden Park zu gehen. Dieser war wunderschön angelegt und hatte sogar einen Teich mit ziemlich vielen Enten. Sie wollte in ihrer Mittagspause nicht nur ==schnell etwas essen==, sondern ==gleich anschließend== auch noch ein Abschiedsgeschenk für den Meister in ihrem Betrieb kaufen. Alle bedauerten, dass er gekündigt hatte um in einen größeren Betrieb zu wechseln. ==Nächste Woche== sollte er dort ==schon== mit seiner Arbeit beginnen und ==in einem Monat== in eine neue Wohnung ==einziehen==. ==Hastig== zog sie ihre Jacke an, verabschiedete sich ==kurz== von ihrer Kollegin, sagte ==im Vorbeigehen== dem Meister Bescheid und ==eilte schnellen Schrittes== zum Ausgang. Sie wartete ==ungeduldig== darauf, dass die Zeituhr ihren Pausenbeginn erfasste. ==Im Laufschritt verließ sie== den Betrieb in Richtung Milchbar. Diese war über Mittag ==nur zwei Stunden lang== geöffnet. Auf dem Weg überlegte sie, worüber der Meister sich wohl freuen könnte und in welches Geschäft sie am besten gehen sollte. Zu seiner neuen Wohnung gehörte auch ein kleiner Garten und so wäre vielleicht eine schöne große Pflanze oder Gartenwerkzeug ein passendes Geschenk. In der Milchbar sah sie eine lange Schlange, sie stellte sich am Ende an, ==trat ungeduldig== von einem Fuß auf den anderen, ==schaute ständig== auf die Uhr über der Kasse. ==Endlich nach fast zehn Minuten== war sie an der Reihe, lud ihren Teller Spaghetti so ==schwungvoll== auf das Tablett, dass er ==fast herunterrutschte==. Mittlerweile ==ziemlich nervös==, schaute sie nach einem freien Platz, ganz hinten war noch etwas frei und sie ==eilte in diese Richtung== und stellte dort ihr Tablett ab. ==Besteck vergessen, schnell, schnell zurück zur Kasse und wieder zurück zum Sitzplatz==. Dort saß allerdings jetzt ein großer Bernhardiner.

b) Kreuzen Sie an, mit welchen Stilmitteln im Text Eile und Hektik zum Ausdruck gebracht werden.

☐ Wiederholungen
☒ Aufzählungen
☐ Verwendung vieler kurzer Sätze hintereinander
☒ Zeitangaben gehäuft am Satzanfang
☒ Unvollständige Sätze

Grammatik

6 Ersetzen Sie in der folgenden Meldung aus einem Lokalblatt die unterstrichenen Adjektive (Eigenschaftswörter) durch andere passende.

Gestern fand zum Anlass der Neueröffnung der Pizzeria „Da Giovanni" ein <u>großes</u> Fest statt. Die <u>fröhliche</u> Stimmung schlug <u>rasch</u> um, als ein <u>stämmiger</u> Gast sich vor einem <u>zierlichen</u> Kellner aufbaute und sich lautstark über die <u>kleinen</u> Portionen beschwerte.

ERZÄHLEN

Nachdem sich auch andere Gäste in die hitzige Diskussion eingemischt hatten, gelang es der Besitzerin nur mühevoll, eine Schlägerei zu vermeiden.

Möglichkeit: ... riesiges ... ausgelassene ... schnell ... breitschultriger ... schmächtigen ... winzigen ... heftige ... mühsam

Grammatik

7 Ordnen Sie jeweils einen passenden Vergleich zu.

A Als Simone den riesigen Hund bemerkte, wäre sie am liebsten davongerannt wie

B Vor Schreck riss sie ihre Augen auf wie

C Beinahe wäre er ausgerutscht und drehte sich dabei wie

D Der Hund verstand die ganze Aufregung überhaupt nicht und fühlte sich so unschuldig wie

E Der Hundebesitzer schnappte vor Aufregung nach Luft und sah dabei aus wie

F Die Situation war ihm so peinlich, dass sein Gesicht rot anlief wie

1 der Goldfisch, der bei Simone zu Hause in einem Aquarium schwamm.

2 ein Eiskunstläufer, der zu einer Pirouette ansetzt.

3 die beiden Scheinwerfer, die sich ihr Freund an seinem neuen Auto anbringen ließ.

4 ein kleines Kind, das niemandem etwas Unrechtes getan hatte.

5 ein so genannter Hasenfuß, der vor allem und jedem Angst hat.

6 eine schon ziemlich reife Tomate.

A 5, B 3, C 2, D 4, E 1, F 6

Extrablatt

8 **Setzen Sie das Gespräch zwischen Simone und der Kassiererin fort.** *Individuelle Lösung*

Simone eilte zur Kasse zurück und fragte die Kassiererin: „Haben Sie so etwas schon einmal erlebt?"
„Ja", antwortete die Kassiererin, „da kann ich Ihnen tatsächlich eine ganz ähnliche Geschichte erzählen."

9 Extrablatt **Schreiben Sie die Erzählung aus Aufgabe 1 nach Ihrer Entscheidung (siehe a) zu Ende.**
Individuelle Lösung

10 Extrablatt

Wandeln Sie den Zeitungsbericht in eine lebendige Erzählung um. Sie können folgende Stichworte verwenden. *Individuelle Lösung*

Besitzer wollte Geländefähigkeit des Bikes testen – rutschte vom Buckel hinunter in den Bach – Fahrrad nach einer Zechtour im Bach geparkt – Angst vor Polizeikontrolle – Stelle nicht mehr gefunden – Fahrrad gestohlen und von Brücke gestoßen – vorbildliche Landung auf zwei Rädern – Koffer im Bach abgestellt – Zusammenhang zwischen Fahrrad und Koffer unklar

Das Rad im Wasser

Am frühen Morgen des gestrigen Tages entdeckte ein 70-jähriger Spaziergänger im Seltenbach dieses geparkte Fahrrad. Nicht weit davon entfernt schwamm ein schwarzer Koffer. Da er einen Unfall oder ein Verbrechen nicht ausschließen konnte, brach er seine morgendliche Runde ab und meldete den Fund auf der nächsten Polizeiwache. Bis jetzt wurden weder das Fahrrad oder der Koffer als vermisst gemeldet und die polizeilichen Ermittlungen haben noch keinen Hinweis auf die Besitzerin oder den Besitzer ergeben.

Foto: Weigert

ERZÄHLEN

BERICHTEN

1 Formulieren Sie die Erzählung in einen Bericht um.

Von der Schulbank in die Berufsausbildung
Das soll jetzt jeden Tag so sein? Morgens in der Straßenbahn. Gegenüber die Schlagzeilen der BILD. Gemeinsam mit vielen durch das Werktor. Die schleppen muffig ihre Taschen, schlurfen vor sich hin, den Kopf gesenkt, in abgeschrubbten Lederjacken. Wie sie so kommen und wie sie so gehen, sehen nichts und haben niemanden gesehen, fast unbemerkt. Da soll ich jetzt zuhören?

Individuelle Lösung

---

2 Lesen Sie folgenden Auszug aus einem Zeitungsbericht. Beantworten Sie die W-Fragen.

> SUDWON. Als sie ihren Coup vollendet hatten, da brüllten die „Löwen" ihren ganzen Stolz heraus. „Ein großer Tag für Senegal und ganz Afrika", rief Stürmer El Hadji Diouf und frohlockte: „Ein Traum ist wahr geworden." Wenige Minuten nach dem Einzug ins Achtelfinale der WM durch ein dramatisches 3:3 gegen Uruguay führte der Star der Senegalesen bereits eine Polonäse durch die Katakomben an.
> Aus der Kabine der Afrikaner drangen Freudenschreie, unmittelbar nach dem Schlusspfiff tanzten auch in Senegals Hauptstadt Dakar schon zehntausende auf den Straßen, um ihre WM-Debütanten zu feiern. In der Nachbarkabine begann derweil Uruguay damit, eine Pleite zu verarbeiten.
> Peter Stracke zur Fußballweltmeisterschaft 2002.
>
> Neue Ruhr Zeitung, 11.06.02

Möglichkeit:

WER? *Die Fußballmannschaften aus dem Senegal und aus Uruguay*

WANN? *10. Juni 2002*

WO? *Sudwon (Japan)*

WAS? *Die Mannschaften aus dem Senegal und aus Uruguay spielten unentschieden 3:3, dadurch konnten sich die Senegalesen für das Achtelfinale qualifizieren. Zehntausende tanzten in der Hauptstadt Senegals, Dakar, vor Freude auf den Straßen.*

Berichten

Vorarbeit
- Genau beobachten
- Informationen sammeln

Aufbau
- Reihenfolge der Geschehnisse beachten
- W-Fragen beantworten:
  WER?
  WANN? (Reihenfolge je nach
  WO?   Situation vertauschbar)
  WAS?
  WAS ist im Einzelnen geschehen?
  WARUM ist es geschehen?
  WELCHE Folgen hat das Geschehen?

Zeitform
- Präteritum (Vergangenheit)

Sprache
- Sachlich, genau

Besonderheiten
- Umfang und Einzelheiten richten sich danach, wofür und für wen berichtet wird.
- Je nach Situation Beschreibungen einfügen:
  Personen beschreiben (siehe Seite 32)
  Vorgänge beschreiben

3 Schreiben Sie zu den folgenden Angaben den Anfang eines Berichts.

WER? WM-Spiel Deutschland gegen Kamerun
WANN? 11. Juni 2002
WO? Shizuoka (Japan)
WAS? Zwölf Verwarnungen und zwei gelb-rote Karten als bisheriger WM-Rekord

Möglichkeit:

Im Spiel zwischen Deutschland und Kamerun um die Fußballweltmeisterschaft in Shizuoka (Japan) gab es am 11.06.2002 einen Rekord der besonderen Art. Mit zwölf Verwarnungen und zwei gelb-roten Karten setzten sich die Spieler aus Deutschland und Kamerun an die bisherige Spitze der Verwarnungstabelle.

4 Grammatik

Setzen Sie die Verben in Klammern in der richtigen Form ins Präteritum (Vergangenheit).

Die Geschichte des Maler- und Lackiererhandwerks

Schon die Wände in den Höhlen von Lascaux (werden) _wurden_ mit farbigen Malereien verschönert. Das in Altamira gefundene „Maleratelier" bestätigt, dass diese mehr als 20 000 Jahre alten Malereien mit Pinseln aus Röhrenknochen, in denen Tierhaare (stecken) _steckten_, gemalt (werden) _wurden_.
Aber erst zu Zeiten der Römer (kommen) _kamen_ die Wissenschaften, Künste und Handwerksberufe über die Alpen nach Deutschland. Im Mittelalter (bemalen) _bemalte_ man insbesondere Schilder als Stammessymbole. Die „Schilderer", die diese Arbeiten (ausführen) _ausführten_, sind die Vorfahren der heutigen Maler und Lackierer. Das Handwerkswesen (werden) _wurde_ mit der Entstehung der Zünfte geordnet und durch die Entwicklung der Städte (entstehen) _entstanden_ vielfältige Bauvorhaben, die auch die Ausschmückung von Kirchen, Rathäusern und Privatbauten reicher Kaufleute mit Wandmalereien nach sich (ziehen) _zogen_.
Im 15. Jahrhundert (entstehen) _entstand_ das erste Malerwappen – drei Schilder auf rotem Grund –, später (geben) _gab_ es die drei Schilder auf blauem Grund.
Neben den kunsthandwerklichen Wandmalereien, die die Maler (ausführen) _ausführten_, (obliegen) _oblag_ das Tünchen von Wänden mit Kalk den Maurern, erst später (entstehen) _entstand_ der Beruf des Tünchers und Weißbinders. Aus diesen Berufen (entwickeln) _entwickelte_ sich der Beruf des Anstreichers und Dekorationsmalers. Mit der beginnenden Neuzeit (werden) _wurden_ die Aufgaben der Maler immer vielfältiger.

Das 19. Jahrhundert (bringen) _brachte_ nicht nur auf politischem, wirtschaftlichem und sozialem Gebiet einen gewaltigen Umschwung, sondern auch in der Organisation des Handwerks durch Abschaffung der Zünfte.

Erst als 1871 das Neue Reich geschaffen (werden) _wurde_, (entstehen) _entstanden_ anstelle der Zünfte die Innungen als Vereinigungen der Handwerksberufe. Etwas später (werden) _wurde_ der deutsche Malerbund gegründet – der heutige Hauptverband des Maler- und Lackiererhandwerks.

Durch den Ersten und Zweiten Weltkrieg (haben) _hatte_ das Handwerk schwer zu kämpfen und (erleiden) _erlitt_ große Rückschritte. 1965 (werden) _wurde_ die Handwerksordnung novelliert und der Beruf heißt seitdem „Maler und Lackierer".

5 Zeichensetzung
Trennen Sie jeweils die vollständigen Sätze durch ein Komma ab.

A Mein Arbeitstag am Montagmorgen begann wie immer damit, dass ich für alle Kolleginnen und Kollegen in der Abteilung den Kaffee aufbrühte.

B Dann bat mich Frau Klumpp, ich solle die Unterlagen für die Besprechung zusammenstellen.

C In unserer Abteilung arbeitet außer mir nur noch eine Sachbearbeiterin, sodass ich oft eigenverantwortlich Aufträge übernehmen muss.

D Dadurch lerne ich sehr viel, aber oft denke ich, dass ich hier viel zu wenig verdiene, aber das ist nahe liegend, denn ich bin ja noch in der Ausbildung.

E Montag war zudem die Sachbearbeiterin Frau Klaus krankgeschrieben, sodass ich die Arbeit mit erledigen musste.

F Ich habe den Ehrgeiz, dass ich die mir aufgetragenen Arbeiten gut mache.

G Das Klima in unserem Büro ist gut, wir reden offen miteinander.

H Die ernst gemeinte Kritik kann ich meiner Chefin nicht übel nehmen, da sie sie immer sachlich vorträgt und mir zeigt, dass sie meine Arbeit wertschätzt.

6 Grammatik
Tragen Sie die Verben (Tätigkeitswörter) in der Zeitform Präteritum (Vergangenheit) und in der richtigen Form in die Lücken ein.

bearbeiten – besprechen – bewerten – erfüllen – erledigen – erstellen – formulieren – fragen – informieren – notieren – prüfen (2 x) – recherchieren – sammeln – streichen – überlegen – unterteilen – vorlegen – zuordnen

A Wir _besprachen_ die Teilaufgaben mit den Fachlehrerinnen und Fachlehrern.

B Zunächst _fragten_ wir uns: „Was soll hier getan werden?"

C Wir _formulierten_ die Teilaufträge ganz genau.

D Wir _überlegten_, wie wir vorgehen wollen.

E Wir _strichen_ Unwichtiges.

F Die Gruppe _prüfte_ gemeinsam die fachgerechte Ausführung der Projektaufgabe.

BERICHTEN

G Wir _notierten_ Leitfragen zu den Zielen der Aufgabe.

H Wir _unterteilten_ die Arbeit in einzelne Arbeitsschritte.

I Jedes Gruppenmitglied _bearbeitete_ die ihm zugewiesene Teilaufgabe.

J Wir _recherchierten_ im Internet mithilfe einer Suchmaschine.

K Die Gruppe _erledigte_ die Aufgabe sehr gewissenhaft und zügig.

L Wir _legten_ das beste Ergebnis einer Projektarbeit _vor_.

M Die Gruppe _bewertete_ zusammen mit dem Projektbetreuer die Arbeitsergebnisse.

N Jedes Gruppenmitglied _erfüllte_ seinen Arbeitsauftrag mit großem Ehrgeiz.

O Die Teilaufgaben _ordneten_ wir verschiedenen Personen _zu_.

P Wir _informierten_ uns über das Thema sehr intensiv.

Q Wir _prüften_ kritisch die Ergebnisse bzw. das erstellte Produkt.

R Wir _erstellten_ einen Zeitplan.

S Wir _sammelten_ Material zum Thema.

7

a) Lesen Sie den Text.

Kino-Double

Am 30. März 2002 war ich, Bea, mit meinem Freund Tom in der Abendvorstellung um 21:00 Uhr im Kino „Capitol" in Essen. Wir wollten uns „Herr der Ringe" anschauen. Weil ich wusste, dass der Film so lang ist, beschloss ich, während der Werbung noch schnell zur Toilette zu gehen. Es hatten wohl viele diesen Gedanken, denn es war tierisch voll. Als ich dann nach endlosem Warten zurückkam, lief schon der Vorspann. Im Dunkeln stolperte ich die Treppen hoch, schaute nur flüchtig auf die Nummerierung der Reihen und fand dann meinen Platz. Ich ließ mich auf den freien Sitz fallen und rutschte erleichtert tiefer in den Kinosessel. Ich griff nach der Popcorntüte und futterte genüsslich und nippte an der Cola, die zwischen den Sitzen stand. Dann flüsterte ich meinem Freund ins Ohr, dass es auf der Toilette so voll gewesen sei und zudem ziemlich schmuddelig und miefig. Die Antwort kam prompt: „Vielleicht kriegste an der Kasse einen Putzeimer und Scheuermittel. Popcorn und Cola gibt`s da übrigens auch." Ich kam aus meinem Sessel hoch, starrte den Typen neben mir verwundert an. Das war nicht mein Tom. Ich hatte im Dunkeln neben einem Jungen Platz genommen, der so ähnlich aussah wie er. Peinlich kichernd entschuldigte ich mich und nahm einen zweiten Anlauf, meinen Freund zu finden. Er hatte das Ganze von seinem Platz zwei Reihen höher beobachtet und amüsierte sich köstlich über die Geschichte mit seinem „Kino-Double". In den nächsten zwei Wochen musste er jedem davon erzählen und konnte gar nicht aufhören zu lachen.

b) Beantworten Sie die W-Fragen stichwortartig.

Wer?	Bea, Tom, ein Unbekannter
Wo?	Kino „Capitol" in Essen
Wann?	30.03.2002, 21:00 Uhr
Was?	Toilettengang während der Werbung, beim Zurückkommen auf falschen Platz gesetzt, Popcorn und Cola des Nachbarn, pfiffiger Spruch, peinlich berührt aufgestanden, Tom amüsierte sich

Extrablatt

c) Schreiben Sie den Text in einen Bericht um.

Individuelle Lösung

TEXTE VERSTEHEN

1 Betrachten Sie das Schild genau.

2 Kreuzen Sie an, an wen sich dieses Schild in erster Linie richtet.

- [X] An Menschen, die Enten, Schwäne und Tauben mögen
- [ ] An Menschen, die sich von Enten, Schwänen und Tauben gestört fühlen
- [ ] An Menschen, denen Enten, Schwäne und Tauben gleichgültig sind
- [ ] An alle Einwohner der Landeshauptstadt Stuttgart

3 Markieren Sie, auf wen die Pronomen (Fürwörter) „euer" und „uns" verweisen.

A Beide beziehen sich auf die Vögel.

B Beide beziehen sich auf die Menschen.

C ==„Euer" bezieht sich auf die Menschen, „uns" auf die Vögel.==

D „Euer" bezieht sich auf die Vögel, „uns" auf die Menschen.

4 Kreuzen Sie die richtige Lösung an.

Das Schild fordert dazu auf,
- [ ] die Tiere zu füttern.
- [X] die Tiere nicht zu füttern.
- [ ] die Tiere nur manchmal zu füttern.
- [ ] die Tiere nur mit bestimmtem Futter zu füttern.

5 Notieren Sie zwei Funktionen, die die Zeichnung auf dem Schild hat.

Möglichkeit:

1. Die Zeichnung soll zeigen, _wie schlecht es den Tieren ergeht, wenn sie das falsche Futter gefressen haben._

2. Die lustige Art der Zeichnung soll _die Aufforderung freundlicher, lockerer und weniger streng erscheinen lassen._

6 Betrachten Sie die folgenden Übersichten genau.

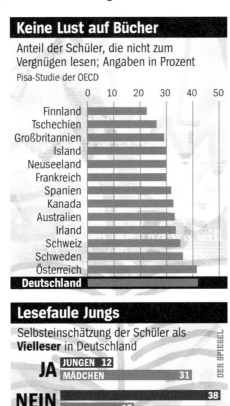

SPIEGEL-Verlag, Hamburg

7 Kreuzen Sie die Aussagen an, die gemäß den Grafiken richtig sind.

- [X] Andere europäische Länder, wie z. B. Dänemark, Italien oder Schweden, geben mehr Geld für die schulische Bildung aus als Deutschland.

- [X] Die Leseleistung deutscher Schüler/innen ist besser als die der Schüler/innen aus Liechtenstein oder aus Mexiko.

- [X] Die USA geben relativ viel für die schulische Bildung aus, die Leseleistung amerikanischer Schüler/innen ist aber nur Durchschnitt.

- [ ] In Deutschland lesen mehr Schüler/innen zum Vergnügen als in den meisten anderen Ländern, einzige Ausnahme Österreich.

- [ ] Das Geschlecht spielt keine Rolle, wenn es darum geht, ob Schüler/innen viel lesen.

- [ ] In Finnland sind die Leistungen im Lesen am besten, obwohl die finnischen Schüler/innen am wenigsten zu ihrem Vergnügen lesen.

- [X] Spanien gibt weniger Geld für Schulbildung aus als Deutschland und dennoch sind die Leseleistungen dort besser.

8 Schreiben Sie auf, wie viel die schulische Ausbildung einer Schülerin/eines Schülers in Deutschland durchschnittlich gekostet hat, wenn sie/er 15 Jahre alt wird.

41 978 Dollar

9 Notieren Sie den Anteil der Mädchen in Deutschland, die in der 8. Klasse von sich sagen, sie seien keine Vielleserinnen.

17 Prozent

TEXTE VERSTEHEN

10 Lesen Sie die folgende Reportage.

Prominentenfriedhof
Von Roger Repplinger

[...] Der Buick, Baujahr 1950, der hier verrottet, war schwarz, aber die Patina ist stärker. Überall grüne Flecken. Mit Tapsern von Waldtieren. Dabei hatte sich der frühere Besitzer, ein Student aus Münster, so viel Mühe gegeben. Sein ganzes Geld hat er in den Schlitten gesteckt. Seine Freizeit. Und jetzt steht der Straßenkreuzer hier und schläft.

Eine böse Fee hat den Buick verzaubert. [...] Die Fee heißt Michael Fröhlich. Fröhlich ist 52 Jahre alt und wirkt auf den ersten Blick nicht unsympathisch. Im Jahr 2000 ist er, nach einem ziemlich bewegten Leben, 50 Jahre alt geworden. Zu seinem Geburtstag hatte er, nach 14 Jahren reger Sammeltätigkeit, 50 Fahrzeuge mit dem Baujahr 1950 zusammen. Die sind jetzt hier lebendig begraben.

Fröhlich besitzt eine Firma in Düsseldorf und lebt davon, verrückte Autos für reiche Menschen zu bauen. Einen Golf mit 400 PS zum Beispiel. Fröhlich restauriert auch Oldtimer für seine Kunden. In seiner Freizeit macht er ebenfalls etwas Verrücktes. Nämlich das Gegenteil. Er lässt Oldtimer verrotten. „Es gibt so viele geschniegelte Museen, in denen die Autos gehätschelt und gepflegt werden, so 'ne Sch… wollte ich nicht. Nicht die Schickimickitour. Das ist beknackte Sch…", sagt er. „Sch…" sagt er übrigens gern. Fröhlich wäre gern ein Punk, aber er ist nur ein Provokateur geworden.

Als Fröhlich den Buick kaufte, fragte der Student, Böses ahnend: „Sie werden mein Auto doch bestimmt gut behandeln?" Fröhlich nickte. [...]

Fröhlich ließ alle Betriebsstoffe ab, legte eine Metallwanne unter das stationär gewordene Automobil, entfernte die Batterie und verteilte Milchsäure auf dem schwarzen Lack, um den Zerfallsprozess zu beschleunigen. Noch ein paar Monate, dann fällt beim Buick die Stoßstange ab. [...]

Der Student aus Münster ist nicht gut auf Herrn Fröhlich zu sprechen. Fröhlich gibt zu, „dass mir das nicht leicht gefallen ist, gerade beim Buick. Aber es musste sein." Viele sind nicht gut auf Herrn Fröhlich zu sprechen. Auf einigen Autos prangen Plaketten von Oldtimer-Clubs, von Vereinigungen, Rallyes, Veranstaltungen. Hier, bei Fröhlich, dem Ruhelosen, haben die Wagen ihre ewige Ruhe gefunden. [...]

Rudelweise laufen an den wenigen Tagen im Jahr, an denen Fröhlich die Tore seiner Leichenhalle für Autos öffnet, die Oldtimer-Fans über das Gelände. Und ekeln sich. „Darf man das, was Herr Fröhlich hier macht?", fragt Peter Stommel, Kunstschmiedemeister aus Engelskirchen und stolzer Besitzer von 40 tipptopp gepflegten Oldies. Natürlich nicht. „Alles nicht so schlimm, solange es sich nicht um rare Autos handelt. Aber wenn ich hier Autos sehe, die ich selbst gern hätte, dann bekomm ich das Weinen", sagt Stommel und schaut wässrigen Auges auf den Mercedes 170. [...] Keiner von den Oldtimer-Freunden mag Fröhlich.

Dem ist das egal. Fröhlich, der Schmähanrufe bekommt und bitterböse Briefe, die ihn der Nestbeschmutzung zeihen und ihn auffordern, ausländische Autos verkommen zu lassen, aber doch bitte keine deutschen, verteidigt sich mit dem Hinweis auf Kunst. Aber die Mitglieder des DKW-Clubs Overath sehen keine Kunst. Sondern nur Rost. Am liebsten würden sie die Ärmel hochkrempeln und mit der Arbeit beginnen. Was die Autos wert sind, wie viel Geld er in die Autos gesteckt hat, interessiert Fröhlich nicht. Es hat etliche Versuche gegeben, ihm Autos wieder abzukaufen. Vergeblich.

Fröhlich freut sich jeden Abend auf seinen Märchenwald, in dem nicht nur die Bäume rauschen. „Auch die Autos erzählen mir was", sagt Fröhlich. Einige seiner Autos haben ein Rad ab. Vielleicht nicht nur die Autos.

Sonntag Aktuell, 21.04.2002

Anmerkungen
Zeile 1: Buick = amerikanisches Automobil Zeile 2: Patina = durch Alterung verändertes Aussehen
Zeile 26: Provokateur = jemand, der andere provoziert, also aufwiegelt, anstachelt, ärgert
Zeile 31: stationär = hier: unbeweglich Zeile 57f.: zeihen = einen Vorwurf machen

11 Markieren Sie, was mit „Prominenten" (siehe Überschrift) gemeint ist.

A Herr Fröhlich und seinesgleichen

B Herrn Fröhlichs Kundinnen und Kunden

C Alte Autos

D Herrn Fröhlichs Gegner

12 Unterstreichen Sie, warum im Text der Student aus Münster erwähnt wird.

Es soll gezeigt werden, dass

A Oldtimer für manche Leute zu teuer sind.

B sich vor allem gebildete Menschen mit alten Autos befassen.

C Oldtimer manchen Menschen sehr viel bedeuten.

13 Notieren Sie, was Herrn Fröhlichs Gegner ihm vorwerfen.
Möglichkeit:

Die Gegner werfen Fröhlich vor, dass er seltene, kaum zu ersetzende alte Autos verrotten lässt und sie somit zerstört. Die Oldtimer-Freunde würden die Autos gerne „retten", sie wieder herrichten und vor dem Verfall bewahren.

14 Schreiben Sie auf, wie Herr Fröhlich sein Verhalten rechtfertigt.
Möglichkeit:

Ohne seine Haltung näher zu begründen verweist Herr Fröhlich darauf, dass er etwas ganz anderes wolle als die herkömmlichen Automuseen, in denen die Autos in einem äußerst gepflegten Zustand zu sehen seien. Für ihn ist sein Autofriedhof Kunst.

15 Kreuzen Sie an, was Roger Repplinger, der Verfasser dieser Reportage, von Herrn Fröhlich hält.

☐ Er mag Fröhlich und bewundert ihn.
☒ Er mag Fröhlich nicht und hält ihn für ein wenig verrückt.
☐ Er hat keine Meinung über Fröhlich.
☐ Er ist stolz darauf, einen so prominenten Mann zu kennen.

16 Machen Sie sich mithilfe der folgenden Informationen mit den Regeln des Axtwerfens vertraut.

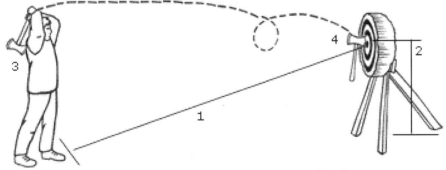

1: Abstand Wurflinie/Zielscheibe = 6,1 m
2: Höhe Scheibenmittelpunkt/Boden = 1,5 m
3: Vorderes Blatt der Axt zeigt vom Körper weg
4: Hinteres Blatt der Axt zeigt zum Werfer

Regeln

Der Axtwerfer muss hinter der Wurflinie stehen bleiben, bis die Axt die Zielscheibe getroffen hat. Nur das vordere Blatt der Axt kann einen Treffer markieren, eine Voraussetzung dafür ist, dass die Axt fest in der Zielscheibe sitzt.
Wenn das vordere Blatt zwei Linien trifft, wird immer die höhere Punktzahl bewertet. Wer nach drei Würfen die höchste Punktzahl hat, gewinnt.

Wettbewerbsregeln beim Axtwerfen

§ 1 Das Axtwerfen geschieht mit einer doppelschneidigen Axt auf eine Zielscheibe aus Holz.

§ 2 Der Abstand von der Wurflinie bis zum Mittelpunkt der Zielscheibe ist 6,1 m.

§ 3 Der Werfer darf die Wurflinie nicht überschreiten, bevor die Axt die Zielscheibe getroffen bzw. verfehlt hat. Dies ist durch einen Linienrichter zu kontrollieren. Übertritt beim Wurf gibt 0 Punkte.

§ 4 Das vordere Axtblatt ist das Blatt, welches im Augenblick des Abwurfes in Richtung der Zielscheibe zeigt.

§ 5 Nur das vordere Blatt der Doppelaxt kann einen Treffer auf der Zielscheibe markieren – eine Voraussetzung dafür ist, dass die Axt fest in der Wurfscheibe sitzt. (Bei traditionellem Wurf zeigt der Schaft zum Boden bei einem gültigen Wurf.)

§ 6 Das vordere Axtblatt braucht die Linie zwischen zwei Punkteringen nur zu berühren, um die höhere Punktanzahl zu erringen.

§ 7 Das hintere Axtblatt darf die Scheibe nicht berühren. Wenn die hintere Schneide die Scheibe berührt, gibt es 0 Punkte, auch wenn die vordere Schneide mit die Zielscheibe berührt.

§ 8 Der Gewinner ist der Werfer, welcher die meisten Punkte nach mindestens drei Würfen bzw. der vom Veranstalter festgelegten Anzahl Würfe errungen hat.

Sicherheitsvorschriften

Risikobereich 3 m hinter der Wurflinie, 8 m zur Seite und 15 m hinter der Zielscheibe.

Absperrung Der Risikobereich ist mit Band, Schnur o. Ä. abzusperren. Außerhalb der Absperrungslinien sind Schilder mit dem Text „Unbefugten Zutritt verboten" aufzustellen. Der Text muss auch in Englisch vorhanden sein.

Bewachung Sicherheitswächter haben das gesamte abgesperrte Gebiet unter der gesamten Wettbewerbszeit zu bewachen. Nur Funktionäre und die z. Zt. werfenden Teilnehmer dürfen sich im abgesperrten Bereich aufhalten.

Zielrichter Für jede Zielscheibe muss ein Zielrichter vorhanden sein.

Werfen Sämtliche Teilnehmer in jedem Durchgang werfen gleichzeitig nach einem vom Wettbewerbsleiter zu gebenden Signal.

Markierung Nach dem Klarzeichen vom Wettbewerbsleiter gehen die Zielrichter zu den Wurfscheiben zur Punktierung. Danach werden die Äxte von den Scheiben gelöst und den Teilnehmern überreicht. Bei der Übergabe ist der Schaft zum Empfänger gerichtet. Der Zielrichter hat die Axt so zu greifen, dass andere nicht in Kontakt mit den Axtschneiden kommen.

Schneidenschutz Die Äxte müssen außerhalb des Wettbewerbsgebietes jederzeit mit einem Schneidenschutz versehen sein.

http://www.gransfors.com

17 Situation

Eine Zuschauerin/Ein Zuschauer überlegt, wo sie/er das Axtwerfen am besten sehen kann.

Notieren Sie,
a) wie weit die Zuschauerin/der Zuschauer von der Scheibe entfernt ist, wenn sie/er sich so nah wie möglich hinter den Werfer stellt.

9,1 m (6,1 m Abstand zwischen Wurflinie und Scheibe + 3 m Risikobereich)

b) wie weit die Zuschauerin/der Zuschauer mindestens vom Werfer entfernt ist, wenn sie/er sich hinter der Scheibe aufstellt.

21,1 m (6,1 m Abstand zwischen Wurflinie und Scheibe + 15 m Risikobereich)

18 Streichen Sie die falschen Aussagen durch.

A ~~Wenn auf drei Scheiben geworfen wird, braucht man zur Durchführung des Wettkampfes genau drei Helfer.~~

B Der Veranstalter eines Wettkampfes darf die Zahl der Würfe von drei auf vier erhöhen.

C ~~Der Veranstalter eines Wettkampfes darf den Abstand der Wurflinie von der Scheibe um bis zu 1,5 m verringern.~~

D ~~Der Zielrichter verbirgt sich während des Werfens hinter der Scheibe, und zwar so, dass kein Körperteil über oder neben der Scheibe herausragt.~~

E Nach dem Wurf warten die Zielrichter auf ein Zeichen, holen dann die Äxte und bringen diese zurück zu den Werfern.

19 Markieren Sie mit einem Häkchen, wer jeweils den Wettkampf gewonnen hat.

A Ole hat vor dem letzten Wurf zwei Punkte Vorsprung vor Sigrid. Oles Axt trifft mit dem hinteren Axtblatt den 3er-Ring. Sigrids Axt trifft mit dem vorderen Axtblatt den 2er-Ring und berührt dabei den 3er-Ring.

☐ Ole ☑ Sigrid

B Ole und Sigrid haben vor dem letzten Wurf gleich viele Punkte. Ole wirft sehr gut, seine Axt trifft mit dem vorderen Blatt in das Zentrum der Scheibe (5er-Ring), allerdings kritisiert der Linienrichter, dass Ole die Wurflinie überschritten habe, bevor die Axt im Ziel war. Sigrid hat eine ungewöhnliche Wurftechnik. Sie trifft den 2er-Ring mit dem vorderen Blatt, wobei aber der Schaft der Axt nach oben zeigt.

☐ Ole ☑ Sigrid

C Vor dem letzten Wurf führt Sigrid mit einem Punkt vor Ole. Sigrid wirft an der Scheibe vorbei. Ole trifft ins Zentrum der Scheibe (5er-Ring), die Axt bleibt mit dem vorderen Blatt stecken, fällt aber einen Moment später zu Boden.

☐ Ole ☑ Sigrid

20 Lesen Sie die folgende Glosse, die in einer Tageszeitung erschienen ist.

Geburt à la française
Krise gemanagt
Von Hans Jörg Wangner

Es gibt Krankheiten und Gebrechen, die gibt es anderswo so nicht. Eine Schwäbin, die sich nicht gut fühlt, klagt: „Au, i han so Mallähr mit' am Kreislauf." Ein Amerikaner, herzfixiert aus Tradition, sagt bei etwas unklaren körperlichen oder sonstigen Beschwerden „Oh, my heart". Und der Franzose nimmt sich gern eine so genannte Leberkrise.
Zu viel geschlemmt? Macht pfeilgerade eine Crise de foie. Ständig Ärger mit dem Chef? Auch eine Crise de foie. So ein dumpfes Drücken im Bauch? Muss eine Crise de foie sein – mais bien sûr.
So war es dieser Tage auch für eine 30-jährige Frau aus Saint-Etienne sonnenklar, weshalb sie plötzlich heftige Schmerzen plagten – Leberkrise, was denn sonst? Doch dem Notarzt kam die Sache dann doch komisch vor. Er schickte die Patientin, immerhin Mutter einer zweijährigen Tochter, ins Krankenhaus zum Ultraschall. Den Leberbefund hat man dort aber gar nicht mehr erheben müssen: Zwei Stunden später kam die Frau mit einer gesunden Tochter nieder. 3,4 Kilogramm wog das Baby bei seiner Geburt, es heißt Eva und die Mutter ist ihrer Lebersorgen ledig. Wenn das nicht ein Krisenmanagement der ganz besonderen Art ist.

Stuttgarter Zeitung, 23.04.2002

Anmerkungen
Überschrift: à la française = auf französische Art
Zeile 8 f.: crise de foie = Leberkrise
Zeile 11: mais bien sûr = aber sicher

21 Streichen Sie die Aussagen durch, die nicht dem Text entsprechen.

A ~~Krankheiten an der Leber (Gründe: Schlemmen, Stress) kommen in Frankreich häufiger vor als in Deutschland.~~

B ~~In Amerika sind Herzleiden (Gründe: Fastfood, Übergewicht, traditionelle Herzschwäche) besonders oft anzutreffen.~~

C ~~Erkrankungen der Leber können zu Komplikationen in der Schwangerschaft führen.~~

D In unterschiedlichen Gegenden hat sich ein unterschiedlicher Sprachgebrauch eingebürgert, wenn man über unklare körperliche Beschwerden redet.

22 Notieren Sie, warum in dem Text darauf verwiesen wird, die französische Patientin sei „immerhin Mutter einer zweijährigen Tochter". Verwenden Sie dazu die folgenden Satzanfänge.

A Von einer Frau, die bereits eine Tochter hat, sollte man annehmen, _dass sie erkennt, wenn sie schwanger ist._

B Dadurch wird die Geschichte _noch überraschender und ungewöhnlicher._

23 Kreuzen Sie an, welche Wirkung bei den Leserinnen und Lesern mit diesem Text wohl vor allem erreicht werden soll.

- [ ] Sie sollen für die Frau in Saint-Etienne Mitleid empfinden.
- [ ] Sie sollen mehr auf ihre Gesundheit achten.
- [x] Sie sollen sich über den Fall amüsieren.
- [ ] Sie sollen erkennen, dass auch die Menschen in anderen Ländern Probleme haben.

24 Situation
Die Frau brachte eine gesunde Tochter zur Welt. Sie überlegen nun, ob der Text wohl in gleicher Weise geschrieben worden wäre, wenn ein schwer krankes Kind zur Welt gekommen wäre.

Führen Sie einen der beiden Sätze mit einer kurzen Begründung fort.

A Der Text wäre in gleicher Weise geschrieben worden, da _____

B Der Text wäre nicht in gleicher Weise geschrieben worden, da _die Geschichte dann nicht mehr lustig wäre und eher tragische Züge hätte._

25 Betrachten Sie die folgende Karikatur genau.

Mester/CCC, www.c5.net

26 Markieren Sie, auf welche Thematik sich diese Karikatur bezieht.

A Einsamkeit und Kommunikationsunfähigkeit in der Familie

B <mark>Negative Auswirkungen des Fernsehens auf Kinder und Jugendliche</mark>

C Probleme der Ein-Kind-Familie

D Armut und Reichtum in Deutschland

27 Kreuzen Sie an, gegen wen sich die Kritik in der Karikatur vor allem richtet.

[X] Gegen die Eltern

[ ] Gegen die Fernsehanstalten

[ ] Gegen den Staat

[ ] Allgemein gegen Gewalt in den Medien

28 Formulieren Sie die Kritik, die in dieser Karikatur steckt.

Möglichkeit:

Die Eltern sind zwar empört über Gewalt im Fernsehen, werden aber ihrer eigenen Verantwortung nicht gerecht, wenn sie ihr Kind unkontrolliert fernsehen lassen.

_____

_____

_____

29 Befassen Sie sich mit den folgenden Informationen zum Thema „Masern".

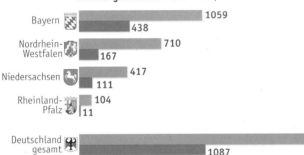

Teilweise Verzehnfacht
In einigen der alten Bundesländer grassieren die Masern wieder.
Zahl der gemeldeten Masernfälle, 1. bis 11. Woche

Bayern: 1059 / 438
Nordrhein-Westfalen: 710 / 167
Niedersachsen: 417 / 111
Rheinland-Pfalz: 104 / 11
Deutschland gesamt: 2355 / 1087

Focus Magazin 16/2002

Risikoreiche Infektion: Besonders gefürchtet bei Masern ist die Gehirnentzündung. Impfen schützt ab dem 1. Lebensjahr.

MASERN – Seuchenherd Deutschland

Mit Sorge beobachten die USA die hiesige Impfmüdigkeit. „Deutschland ist nach Japan die zweithäufigste Quelle für eingeschleppte Masern", behauptet Mark Papania vom Seuchenkontroll- und Verhütungszentrum CDC in Atlanta/Georgia. Als nahezu ausgerottet gilt die Kinderkrankheit, die in bis zu einem Fünftel der Fälle zu ernsten Komplikationen führt, in den USA. In Deutschland ist sie hingegen in den ersten elf Wochen 2002 vor allem in vier Bundesländern (Grafik) deutlich häufiger aufgetreten als in demselben Zeitraum des Vorjahrs. Ein Teil der Zunahme hänge damit zusammen, dass für Masern erst seit Anfang 2001 eine Meldepflicht existiere, meint Heinz-Josef Schmitt, 47, Vorsitzender der nationalen Impfkommission. Unabhängig davon gehöre aber die Quote der geimpften Kinder hierzulande mit 70 Prozent „zu den niedrigsten der Welt". Als Gründe nennt Schmitt das geringe Honorar, das Ärzte fürs Impfen erhielten, und einzelne „Propagandaerfolge" von Gegnern des Impfens. Diese zeigen sich laut Landesbehörden beispielsweise in Coburg in Bayern, in Leer und Emden (Niedersachsen), in Aachen und dem Sauerland (NRW) und in Daun (Rheinland-Pfalz).

Focus, Nr. 16, 15.04.2002

Anmerkungen
Zeile 6: Komplikationen = bei Krankheiten: ungünstiger Verlauf, Verschlimmerung
Zeile 17: Propaganda = Beeinflussung von Menschen, oft mit unlauteren Mitteln

30 Kreuzen Sie an, welche der folgenden Aussagen richtig sind.

- [ ] In 70% aller Länder werden mehr Kinder geimpft als in Deutschland.
- [x] 20% aller Masernfälle führen zu schwerwiegenden Komplikationen, z.B. Gehirnentzündung.
- [ ] In Deutschland hat sich die Zahl der Masernfälle in den ersten elf Wochen des Jahres 2002 gegenüber demselben Zeitraum des Vorjahres verzehnfacht.
- [x] In Bayern gab es in den ersten elf Wochen des Jahres 2002 über zehn Mal so viele Masernfälle wie in Rheinland-Pfalz.
- [x] In den USA erkranken kaum noch Kinder an Masern.
- [ ] Auch Japan hat keine Probleme mehr mit Masern.
- [x] Vor dem Jahr 2001 gab es in Deutschland keine Meldepflicht für Masern.
- [x] In Bayern erkrankten 2001 mehr Menschen an Masern als in Niedersachsen im Jahr 2002.

31 Nennen Sie zwei Gründe für die Impfmüdigkeit in Deutschland.
Möglichkeit:

1. Es wird behauptet, dass die Ärzte zu wenig Honorar für das Impfen erhalten und darum kein großes Interesse daran haben, Impfungen durchzuführen.

2. Es wird angeführt, dass Gegner des Impfens mit ihrer Sicht der Dinge offenbar viele Menschen überzeugen. Die Befürworter des Impfens sprechen hier von „Propagandaerfolgen".

32 Lesen Sie den folgenden Text über Brenda Spencer.

I don't like, I don't like Mondays
Nach Erfurt: Am 16. Januar 1979 lief Brenda Spencer Amok in Kalifornien, aber warum nur?

Von Dominik Ignée

Das schmächtige Mädchen hatte lange glatte Haare, sie trug ein Blümchenkleid und dazu eine Brille Marke Kassengestell. Sie sah gewöhnlich und bieder und unauffällig aus, so wie viele sechzehnjährige Mädchen 1979 in den USA durch
5 die Gegend liefen und eigentlich überall in der Welt. Also diejenigen, die nie und nimmer im Vordergrund standen und die nicht im Entferntesten daran dachten, den Jungs in der Schulklasse schöne Augen zu machen. Trotzdem hat Bob Geldof, der Sänger der Boomtown Rats, ausgerechnet ihr ein
10 Lied gewidmet – den Popklassiker „I don't like Mondays".

Trauernde Schüler in Erfurt   Foto: AP, Frankfurt

Ich mag keine Montage. Genau diesen unspektakulären Satz hat die unscheinbare Schülerin Brenda Spencer 1979 ausgesprochen, sie hätte aber genauso gut sagen können, dass sie keine Lakritze mag oder dass es sie nicht unbedingt hoch er-
15 freut, wenn sie auf ihren kleinen Bruder aufpassen muss. Es kann ja vorkommen, dass einem im Zahnspangenalter etwas nicht in den Kram passt. Doch die Aversion gegen den ersten Tag der Woche war mehr als eine pubertäre Laune, die sich irgendwann legen würde, „I don't like Mondays" war eine Art
20 Mordmotiv.

Den Satz sagte Brenda Spencer später im Verhör. Zuvor hatte sie am 16. Januar 1979 in einem Vorort von San Diego/Kalifornien aus ihrem Zimmerfenster heraus mit einem Gewehr mit dem Kaliber 22 in die Grundschule gegenüber geschos-
25 sen und ein Blutbad angerichtet. Ein Lehrer und der Hausmeister starben sofort, neun Schulkinder wurden schwer verletzt. „Nichts los", sagte Brenda Spencer, „ich mag keine Montage."

Heute sitzt sie immer noch im Gefängnis. Die 25 Jahre Haft
30 sind noch nicht abgebüßt, aber Brenda Spencer möchte vorzeitig entlassen werden. Ihr gescheitertes erstes Gnadengesuch war im Jahr 1993. Gesprächiger ist sie geworden, sie beteuert, heute ein anderer Mensch zu sein, und sie sprach zuletzt erstmals davon, dass ihr gewalttätiger Akt die Folge
35 ihrer furchtbaren Jugend gewesen sei. Der Vater habe sie geprügelt und er habe sie auch sexuell missbraucht, sagte sie in einem Interview. Der zuständige Gouverneur aber glaubt ihr noch immer nicht.

I don't like Mondays.

40 Der Tragweite ihrer Tat ist sich die Inhaftierte bewusst. Für jeden einzelnen Amoklauf, der in den Jahren nach dem 16. Januar 1979 passiert ist, fühlt sie sich verantwortlich. Jedes Mal wird sie den Gedanken nicht los, dass sie es gewesen ist, die die Lawine der Brutalitäten an den Schulen losgetreten
45 hat. „Ich denke immer, dass die Kinder die Idee von mir haben, und ich wünschte, dass alles nie geschehen wäre", sagt sie heute. Zudem kann sich Spencer an ihre Begründung für die schreckliche Tat überhaupt nicht erinnern, „I don't like Mondays?" „Nein, ich stand in diesem Augenblick unter
50 Drogen und ich hatte auch getrunken. Ich weiß wirklich nicht mehr, was ich gesagt habe."

Nocken Miller war damals neun Jahre alt, als ihn eine Kugel aus Spencers Gewehr im Rücken traf. Er erleide heute noch Albträume und ihn würde auch heute noch die Furcht
55 quälen. Beim Gnadengesuch war er anwesend, „weil ich mich diesem Monster gegenüberstellen wollte".

I don't like Mondays.

Was der Schüler in Erfurt wirklich mochte oder was er nicht mochte, wer weiß das im Moment schon?
60 Am vergangenen Montag hat ein siebzehnjähriger Schüler fünfzig Kilometer nördlich von Sarajewo seinen Geschichtslehrer erschossen. Und anschließend sich selbst.

Stuttgarter Zeitung, 04.05.2002

Anmerkungen
Überschrift: Amok laufen = mit einer Waffe blindwütig töten   Zeile 17: Aversion = Widerwillen, Abneigung
Zeile 58: Ein ehemaliger Schüler des Gutenberg-Gymnasiums in Erfurt brachte dort am 26. April 2002 16 Menschen und sich selbst um.

33 Streichen Sie die Aussagen durch, die nicht dem Text entsprechen.

A ~~Brenda Spencer, damals 16 Jahre alt, hat 1979 in Kalifornien 22 Menschen erschossen.~~

B Brenda Spencer sitzt seit ihrer Tat im Gefängnis.

C ~~Die Überlebenden der Bluttat haben Brenda Spencer inzwischen verziehen.~~

D Brenda Spencer fühlt sich heute mitschuldig an Gewalttaten, die sich in den letzten Jahren an Schulen zugetragen haben.

E ~~Der eigentlich Schuldige an Brenda Spencers Tat ist ihr Vater.~~

F ~~Brenda Spencer handelte aus Frust, weil sie auf ihren kleinen Bruder aufpassen musste.~~

34
Kreuzen Sie an, welche Rolle der Popklassiker „I don't like Mondays" in Brenda Spencers Geschichte spielt.

☐ Brenda Spencer hat sich von dem Gewalt verherrlichenden Lied zu ihrer Tat anregen lassen.

☐ Brenda Spencer hörte das Lied beim Verhör durch die Polizei und verbindet es seither mit der Tat.

☒ Das Lied wurde nach Brenda Spencers Tat geschrieben und bezieht sich auf diese.

35
Notieren Sie, welchen Anlass der Verfasser dieses Textes hatte, an Brenda Spencer zu erinnern.

Kurz bevor der Artikel geschrieben wurde, hatten sich mehrere schlimme Gewalttaten von Jugendlichen an Schulen ereignet. Besonders spektakulär war dabei der Fall in Erfurt mit 17 Toten.

36
Lesen Sie das folgende Porträt des Politikers Sigmar Gabriel.

Wie Sigmar Gabriel einmal 35 Arbeitsplätze fast gerettet hätte
Hier kommt Sigmar, her mit den Problemen

Von Matthias Schmidt

Die zweite Reihe der SPD hinter dem Kanzler ist dünn besetzt – trotz Sigmar Gabriel. Der Ministerpräsident von Niedersachsen aber bastelt unverdrossen an seinem Image als Problemlöser.

[…] Er meldet sich mit „Gabriel". Förmlicher als auf seiner Internetseite, die einfach nur www.sigmar.de heißt. Das Publikum: zwei Redakteure, zwei Fotografen, sein Regierungssprecher, die Landtagsabgeordnete Amei Weigel sowie eine Mitarbeiterin, die permanent mitschreibt. Sie muss dafür sorgen, dass alles, was Gabriel am Telefon verspricht, auch gehalten wird. Und er verspricht einiges.

Ein Lehrer will von Hessen nach Niedersachsen versetzt werden, um dort kranke Angehörige pflegen zu können. Gabriel sagt Hilfe zu. Ein anderer Bürger kämpft um Steuerfreibeträge für sein behindertes Kind. „Ungerecht" sei der Fall, meint Gabriel. Er werde ihm helfen, notfalls „aus meinem Reptilienfonds". Eine Frau sagt nur: „Gut, dass Sie da sind." Gabriel sagt: „Danke."

Morgen – das geht gerade noch

Plötzlich wird der Ton rauer. Christine Zerrahn-Hampel ruft an, die Betriebsratsvorsitzende der Celler Firma Conpac, ein Unternehmen der Würth-Gruppe, das Schrauben aus Asien in baumarktübliche Chargen verpackt. 35 Stellen sollten eingespart werden, klagt sie. Der Grund: Das Unternehmen lasse die Arbeit inzwischen von Häftlingen in Celle, Uelzen und Salinenmoor machen. Billiger, versteht sich. Problemlöser Gabriel tritt umgehend in Aktion. „Abenteuerlich" sei das, befindet er, „der Staat kann den Firmen nicht mit Dumpinglöhnen Konkurrenz machen."

Das müsse er mit dem Justizminister besprechen. Und zwar gleich. Er ruft Christian Pfeiffer an. „Christian, gehst du dem nach?", fragt er. Und, zum Publikum schauend, legt er jovial bestimmend nach: „Wenn du das morgen machst, reicht mir das."

[…] Höchst unterschiedliche Facetten von Sigmar Gabriel sind zu sehen, wenn man ihn im Bus auf Regionaltour begleitet. Der Leutselige, der unverkrampft auf die Menschen zugeht („Ich bin einer von denen, über die Sie immer schimpfen."), fällt einem als Erstes auf. Dann das lockere, bisweilen auch schnippische Mundwerk. Längst legendär, wie er einst vor aufgedrehtem Mikrofon Gerhard Schröder Kontra gab, als dieser über Gabriels Leibesfülle juxte. O-Ton Sigmar Gabriel: „Lieber dick als doof."

[…] Bei Kerner hat Sigmar Gabriel auch ein wenig über seine 13-jährige Tochter aus erster Ehe gesprochen und über seine jetzige Lebensgefährtin, aber vor allem darüber, dass er sein Privatleben lieber privat leben will. Wenn ihm Fragen lästig werden, versteht er es, schnell auszuweichen. „Ich weiß da eine Geschichte" ist seine Standardformel, mit der er das Gespräch in andere Gefilde führt. Auch die Ehrenamtlichen, die Gabriel im Bus mit auf die Tour in Celle genommen hat, unterhält er spielerisch, indem er von einer Geschichte zur nächsten kommt.

Apropos. Da wäre noch die Geschichte mit Conpac, den 35 Arbeitsplätzen und den Schrauben verpackenden Häftlingen. Sie ist dann doch recht unspektakulär zu Ende gegangen. Der Justizminister Christian Pfeiffer habe ihn angerufen, berichtet Rolf Fiedler, der Geschäftsführer von Conpac. Die 35 Arbeitsplätze seien ohnehin nicht zu retten gewesen, als Alternative zu den Knackis könnte er allenfalls Billiglohnkräfte in Osteuropa einspannen. Dann allerdings wären weitere 18 Arbeitsplätze in Celle gefährdet. Man sehe das jetzt differenzierter, heißt es in der Staatskanzlei. Der Justizminister handhabe die Sache vernünftig und eigentlich habe man ja 18 Arbeitsplätze im Land gehalten. Aber gut, dass mal darüber geredet wurde.

Stuttgarter Zeitung, 03.05.2002

Anmerkungen
Zeile 3: Image = das Bild, das sich andere von einem machen   Zeile 5: [...] = Herr Gabriel ist im Chefredakteursbüro der „Celleschen Zeitung" zu einer Telefonaktion.   Zeile 9: permanent = andauernd   Zeile 17: Reptilienfonds = scherzhafte Bezeichnung für Gelder, deren Verwendung flexibel gehandhabt werden kann   Zeile 23: Chargen = hier: Verpackungsgrößen   Zeile 35: Facetten = Teilaspekte, hier „Gesichter"   Zeile 43: O-Ton = Originalton   Zeile 49: Standardformel = hier: häufig verwendete Redewise   Zeile 50: Gefilde = hier: Themen   Zeile 54: Apropos = übrigens, nebenbei bemerkt

37 Markieren Sie, um welches Thema es in diesem Text in erster Linie geht.

A Ein Porträt von Sigmar Gabriel

B Eine Analyse der politischen Situation in Niedersachsen

C Die Schwierigkeiten des Politikerlebens

D Die Bekämpfung der Arbeitslosigkeit

38 Kreuzen Sie an, was die Leser/innen über Sigmar Gabriel erfahren.

[X] Gabriel hat Gewichtsprobleme.

[X] Gabriel ist geschieden.

[ ] Gabriel ist sehr hartherzig.

[ ] Gabriel ist unsympathisch und darum sehr unbeliebt.

[ ] Gabriel würde gerne Bundeskanzler werden.

[ ] Durch sein schnelles Handeln hat Gabriel 35 Arbeitsplätze gerettet.

39 Vervollständigen Sie die folgenden Sätze.

A Gabriels Entgegnung auf Schröders Scherz zeigt, dass Gabriel _sehr schlagfertig ist._

B Gabriels sofortige Reaktion auf die Klage der Betriebsratsvorsitzenden von Conpac zeigt, dass er _Probleme sofort anpackt._

C Der Ausgang der Geschichte mit den 35 Arbeitsplätzen bei Conpac zeigt, _dass Gabriels „Problemlösung" letztlich gar keinen Wert hatte._

40 Unterstreichen Sie den Begriff, der die Haltung des Autors Matthias Schmidt gegenüber Gabriel am besten charakterisiert.

A Ehrfürchtig

B <u>Spöttisch</u>

C Liebevoll

D Hasserfüllt

INHALTE WIEDERGEBEN

1 Lesen Sie den Text.

Hauptsache weit

Und weg, hatte er gedacht. Die Schule war zu Ende, das Leben noch nicht, hatte noch nicht begonnen, das Leben. Er hatte nicht viel Angst davor, weil er noch keine Enttäuschung kannte. Er war ein schöner Junge mit langen dun-
5 klen Haaren, er spielte Gitarre, komponierte am Computer und dachte, irgendwie werde ich wohl später nach London gehen, was Kreatives machen. Aber das war später.
Und nun?
Warum kommt der Spaß nicht? Der Junge hockt in einem
10 Zimmer, das Zimmer ist grün, wegen der Neonleuchte, es hat kein Fenster und der Ventilator ist sehr laut. Schatten huschen über den Betonboden, das Glück ist das nicht, eine Wolldecke auf dem Bett, auf der schon einige Kriege ausgetragen wurden. Magen gegen Tom Yan, Darm gegen Curry.
15 Immer verloren, die Eingeweide. Der Junge ist 18 und jetzt aber Asien, hatte er sich gedacht. Mit 1000 Dollar durch Thailand, Indien, Kambodscha, drei Monate unterwegs, und dann wieder heim, nach Deutschland. Das ist so eng, so langweilig, jetzt was erleben und vielleicht nie zurück.
20 Hast du keine Angst, hatten die blassen Freunde zu Hause gefragt, so ganz alleine? Nein, hatte er geantwortet, man lernt ja so viele Leute kennen unterwegs. Bis jetzt hatte er hauptsächlich Mädchen kennen gelernt, nett waren die schon, wenn man Leute mag, die einen bei jedem Satz an-
25 fassen. Mädchen, die aussahen wie dreißig und doch so alt waren wie er, seit Monaten unterwegs, die Mädchen, da werden sie komisch. Übermorgen würde er in Laos sein, da mag er jetzt gar nicht dran denken, in seinem hässlichen Pensionszimmer, muss Obacht geben, dass er sich nicht aufs
30 Bett wirft und weint, auf die Decke, wo schon die anderen Dinge drauf sind. In dem kleinen Fernseher kommen nur Leute vor, die ihm völlig fremd sind, das ist das Zeichen, dass man einsam ist, wenn man die Fernsehstars eines Landes nicht kennt und die eigenen keine Bedeutung haben. Der
35 Junge sehnt sich nach Stefan Raab, nach Harald Schmidt und Echt. Er merkt weiter, dass er gar nicht existiert, wenn es nichts hat, was er kennt. Wenn er keine Zeitung in seiner Sprache kaufen kann, keine Klatschgeschichten über einheimische Prominente lesen, wenn keiner anruft und fragt, wie
40 es ihm geht. Dann gibt es ihn nicht. Denkt er. Ist unterdessen aus seinem heißen Zimmer in die heiße Nacht gegangen, hat fremdes Essen vor sich, von einer fremdsprachigen Serviererin gebracht, die sich nicht für ihn interessiert, wie niemand hier. Das ist wie tot sein, denkt der Junge. Weit
45 weg von zu Hause, um anderen beim Leben zuzusehen, könnte man umfallen und sterben in der tropischen Nacht und niemand würde weinen darum. Jetzt weint er doch, denkt an die lange Zeit, die er noch rumbekommen muss, alleine in heißen Ländern mit seinem Rucksack, und das
50 stimmt so gar nicht mit den Bildern überein, die er zu Hause von sich hatte. Wie er entspannt mit Wasserbüffeln spielen wollte, in Straßencafés sitzen und cool sein. Was ist, ist einer mit Sonnenbrand und Heimweh nach den Stars zu Hause, die sind wie ein Geländer zum Festhalten. Er geht
55 durch die Nacht, selbst die Tiere reden ausländisch und dann sieht er etwas, sein Herz schlägt schneller. Ein Computer, ein Internet-Café. Und er setzt sich, schaltet den Computer an, liest seine E-Mails. Kleine Sätze von seinen Freunden und denen antwortet er, dass es ihm gut gehe und alles
60 großartig ist, und er schreibt und schreibt und es ist auf einmal völlig egal, dass zu seinen Füßen ausländische Insekten so groß wie Meerkatzen herumlaufen, dass das fremde Essen im Magen drückt. Er schreibt seinen Freunden über die kleinen Katastrophen und die fremde Welt um ihn ver-
65 schwimmt, er ist nicht mehr allein, taucht in den Bildschirm ein, der ist wie ein weiches Bett, er denkt an Bill Gates und Fred Apple, er schickt ein Mail an SAT 1 und für ein paar Stunden ist er wieder am Leben, in der heißen Nacht weit weg von zu Hause.

Sibylle Berg: Das Unerfreuliche zuerst. Herrengeschichten.
Verlag Kiepenheuer & Witsch, Köln 2001, S. 123 ff.

2

a) Unterstreichen Sie alle Textstellen farbig, in denen der Begriff „Leben" bzw. eine Umschreibung des Begriffs vorkommt.

b) Rahmen Sie das Wort „denken" und alle Ableitungen davon ein.

c) Markieren Sie die wichtigsten Aussagen über zu Hause und über die Fremde jeweils in einer anderen Farbe.

d) Unterstreichen Sie mit gestrichelten Linien die persönlichen Daten des Jungen.
Lösungen siehe oben

Inhalt eines Textes wiedergeben

Vorarbeit
- ✗ Text sorgfältig lesen
- ✗ Kernaussagen markieren

Aufbau
- ✗ Textart und Quelle angeben: Autor/in, Titel, Erscheinungsort und -zeit
- ✗ Inhalt des Textes in ein bis zwei Sätzen zusammenfassen
- ✗ Danach den gesamten Text in eigenen Worten wiedergeben
- ✗ Schluss: persönliche Wertung, wenn sie verlangt wird

Zeitform
- ✗ In der Regel Präsens (Gegenwart)

Sprache
- ✗ Sachlich, verständlich
- ✗ Direkte Rede in indirekter Rede wiedergeben
- ✗ Das Personalpronomen (persönliches Fürwort) „ich" wird zu „er", „sie" oder „es".
- ✗ Das Possessivpronomen (besitzanzeigendes Fürwort) „unser" wird zu „ihr".

3 Entscheiden Sie, welche drei Aussagen falsch sind.

Er denkt,

- ☐ **A** ... dass er weit weg will.
- ☒ **B** ... dass er in London Gitarre spielen möchte.
- ☐ **C** ... dass eine Reise durch Asien das Richtige für ihn ist.
- ☒ **D** ... dass er hoffentlich bald in Laos sein wird.
- ☐ **E** ... dass es ihn nicht gibt, wenn er nichts Bekanntes um sich hat und sich niemand für ihn interessiert.
- ☐ **F** ... dass er in der Fremde nur andere leben sieht.
- ☐ **G** ... dass er noch lange unterwegs sein muss.
- ☒ **H** ... dass er seinen Freunden dankbar sein sollte.

4 Streichen Sie in dieser Zusammenfassung des gesamten Textes überflüssige Textstellen durch.

Die Geschichte handelt von einem ~~18-jährigen~~ Jungen, der gerade die Schule beendet hat, ~~gut aussieht, Musik macht~~ und möglichst weit weg will, dann aber in der Fremde ~~in Asien~~ nicht das erlebt, was er sich ausgemalt hatte, und schließlich über das Internet ein Stück Leben zurückgewinnt.

5 Vervollständigen Sie den Text.

Am Anfang der Geschichte steht der Wunsch des Jungen, _weit weg zu wollen_. Die Schule hat er beendet, das Leben _aber beginnt für ihn erst, meint er_.

Den Ort der Enge und Langeweile will er verlassen und etwas erleben. So macht er sich für drei Monate auf _nach Asien_. Dort sitzt er _in einem schäbigen Hotelzimmer_ und fühlt sich _einsam_.

INHALTE WIEDERGEBEN

Rechtschreibung

6 Bilden Sie aus den Silben Adjektive (Eigenschaftswörter) und schreiben Sie sie mit kleinen Anfangsbuchstaben in die Lücken.

A nüch – fens – los – tern – ter

Das Zimmer ist _fensterlos_ und _nüchtern_ .

B un – schmud – ap – pe – de – tit – lig – lich

Die Wolldecke sieht _unappetitlich_ und _schmuddelig_ aus.

C sam – ter – äl – selt

Die Mädchen wirken _älter_ und _seltsam_ .

D ge – heiß – un – wohnt

Das Klima ist _ungewohnt_ und _heiß_ .

E ar – be – kömm – tig – lich – fremd – un

Das Essen empfindet er als _fremdartig_ und _unbekömmlich_ .

Extrablatt

7 Verfassen Sie eine vollständige Inhaltsangabe des Textes auf Seite 26. *Individuelle Lösung*

8 Lesen Sie den Text.

Rank, schlank und krank?

Gestörtes Essverhalten

Der Wunsch, schlanker zu sein, begleitet viele Menschen ihr ganzes Leben lang. Zum Glück gelingt es den meisten, mit den Jahren ihren Körper besser anzunehmen und ihm allzu rigide Formungsversuche zu ersparen. Für andere jedoch sind die unzähligen Diätversuche der Einstieg in eine ernste, manchmal lebensbedrohende Krankheit: Sie entwickeln eine schwere Essstörung.

Essstörungen sind nicht zwangsläufig mit (realen) Gewichtsproblemen verbunden. Menschen mit Essstörungen können sowohl unter- als auch normal- oder übergewichtig sein.

Je nach Gewicht und konkretem Essverhalten werden drei Hauptformen schwerer Essstörungen unterschieden:

• **Magersucht**

Auffallendes Kennzeichen ist der extreme Gewichtsverlust. Um ihn zu erreichen, hungern Magersüchtige unerbittlich und treiben exzessiv Sport. Sie empfinden sich als zu dick, egal wie ausgezehrt sie bereits sind, und leugnen sowohl die Diät als auch den Gewichtsverlust. Ab einem gewissen Punkt besteht Lebensgefahr: Die Sterblichkeitsrate liegt zwischen 15 und 20 Prozent! Weitere Symptome: ständiges Frieren, Aussetzen der Monatsregel, Entwickeln von umständlichen Essritualen, Konzentrationsschwierigkeiten, Verstecken des Körpers, z. B. unter übergroßer Kleidung.

• **Ess-/Brechsucht (Bulimie)**

Auch Ess-/Brechsüchtige möchten abnehmen, können ihre ehrgeizigen Diätpläne jedoch nicht umsetzen, deshalb erbrechen sie nach dem Essen willentlich. Manche nehmen auch große Mengen Abführmittel zu sich oder treiben exzessiv Sport. Der Kreislauf Essen/Erbrechen kann sich verselbstständigen und schließlich mehrmals täglich wiederholen, gegessen wird zunehmend anfallartig. Die Betroffenen leiden massiv unter Schuld-, Scham- und Versagensgefühlen und isolieren sich selbst.

• **Esssucht**

Heißhungerattacken, für die sich die Betroffenen maßlos schämen, und – manchmal massives – Übergewicht sind die zentralen Symptome dieser Essstörung. Dabei versuchen auch Esssüchtige immer wieder Diät zu halten und abzunehmen. Die Betroffenen hassen ihren Körper, er offenbart ihr Versagen. Sie lehnen dementsprechend oft jede Art von körperlicher Aktivität ab, manche vernachlässigen zudem die Körperpflege. Für Übergewicht gibt es verschiedene Ursachen. Das heißt: Nicht jede/r Übergewichtige darf als esssüchtig eingestuft werden.

In Deutschland sind 0,4 bis ein Prozent der Mädchen und Frauen zwischen dem 15. und 35. Lebensjahr von Magersucht, drei bis vier Prozent von Bulimie und sechs Prozent von Esssucht betroffen. Jungen und Männer erkranken etwa 10- bis 20-mal seltener, aber auch hier steigen die Zahlen an. Jede Essstörung ist ein Ausdruck großer seelischer Not und tief liegender persönlicher Probleme. Den Betroffenen ist das meist nicht bewusst. Der Kampf gegen ihr reales oder vermeintliches Übergewicht verschlingt den größten Teil ihrer Energie und lenkt sie von ihren wahren Problemen ab. Ein instabiles Selbstwertgefühl, großer Leistungsdruck, der Verlust von Familienangehörigen u.v.m. können als Risikofaktoren genannt werden.

Die allgemein üblichen Diätversuche oder andere Anstrengungen, den Körper beispielsweise durch Sport den Idealvorstellungen anzunähern, sind allein kein Grund, die Entwicklung einer Essstörung zu vermuten. Ist ein Mädchen oder Junge ernsthaft gefährdet, kommen andere Auffälligkeiten hinzu: Viele Betroffene isolieren sich und reagieren aggressiv oder abweisend auf Versuche, sich ihnen zu nähern. Auf gezielte Ansprache leugnen sie ihre Probleme. Ein deutliches Warnzeichen ist der Rückzug aus Freundschaften und von Unternehmungen mit Gleichaltrigen, an denen sie bislang Freude hatten. Anhaltende Unruhe und Konzentrationsschwäche, Unlust oder übersteigerte Aktivität können ebenfalls auf schwerwiegende Probleme hinweisen.

Aus: ARBEIT UND GESUNDHEIT Unterrichtshilfe, Januar 2001.
Herausgeber: Hauptverband der gewerblichen Berufsgenossenschaften.
Universum Verlagsanstalt GmbH KG, Wiesbaden

9 a) Unterstreichen Sie die Wörter, deren Bedeutung Sie nicht kennen.

b) Erkundigen Sie sich nach der Bedeutung der Wörter. *Individuelle Lösung*

10 Markieren Sie die wichtigsten Kennzeichen der einzelnen Essstörungen. *Lösung siehe Seite 28.*

11 Entscheiden Sie, welche der folgenden Aussagen richtig und welche falsch sind.

		richtig	falsch
A	Normalgewichtige können keine Essstörungen haben.		X
B	Essstörungen können, müssen aber nicht zu Gewichtsproblemen führen.	X	
C	Wer sein normales Gewicht hält, hat keine Probleme mit dem Essen.		X
D	Wer übergewichtig ist, ist esssüchtig.		X
E	Jungen sind nicht von Esssucht betroffen, nur Mädchen.		X
F	Frauen erkranken häufiger an Magersucht als Männer.	X	
G	Essstörungen sind die Folge persönlicher Probleme.	X	
H	Durch den Kampf mit dem Essen werden die seelischen Probleme beseitigt.		X

Extrablatt

12 Verfassen Sie eine vollständige Inhaltsangabe des Textes auf Seite 28f. *Individuelle Lösung*

SCHAUBILDER WIEDERGEBEN

1 Vervollständigen Sie die Quellenangabe zu dem folgenden Schaubild.

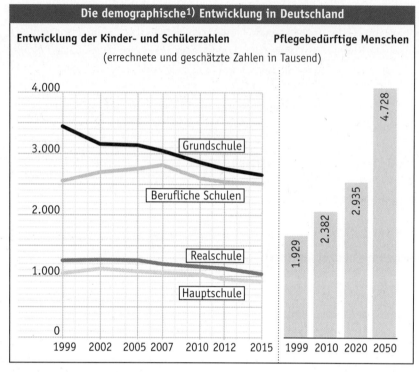

Das vorliegende Schaubild handelt von _der demographischen Entwicklung in Deutschland_. Für die Zahlen zu dem Schaubild werden zwei unterschiedliche Quellen angegeben. Die Zahlen über die Entwicklung der Schülerzahlen sind den _Statistischen Veröffentlichungen der Kultusministerkonferenz Nr. 152 vom Februar 2001_ entnommen. Die Vorhersage über die Anzahl pflegebedürftiger Menschen stammt aus dem _Wochenbericht des Deutschen Instituts für Wirtschaftsforschung, 5/2001_.

2 Streichen Sie die falschen Aussagen durch.

A ~~Das Schaubild enthält eine Aufstellung der Kinder- und Schülerzahlen sowie eine Zusammenstellung der Anzahl älterer Menschen.~~

Inhalt eines Schaubildes wiedergeben

Vorarbeit
Schaubild genau betrachten:
✗ Aus wie vielen Teilen besteht das Schaubild?
✗ Was fällt auf?
✗ Worauf beziehen sich die angegebenen Zahlen?

Aufbau
✗ Quelle angeben: Thema des Schaubildes, Erscheinungsort und -zeit
✗ Benennen, woher die Angaben stammen und auf welches Jahr sie sich beziehen
✗ Inhalt des Schaubildes in ein bis zwei Sätzen zusammenfassen
✗ Danach das Auffallende, dann das weniger Auffallende erwähnen (Nicht jede Zahl muss genannt werden.)
✗ Schluss: kurze Auswertung (längere Auswertung nur, wenn sie verlangt wird)

Zeitform
✗ Präsens (Gegenwart)

Sprache
✗ Sachlich

B Das Schaubild besteht aus zwei Teilen. Auf der linken Seite wird die Entwicklung der Schülerzahlen, auf der rechten Seite die vorhergesagte Anzahl pflegebedürftiger Menschen aufgezeigt.

C Die Zahlen von 1999 beruhen auf statistischen Erhebungen, die übrigen Zahlen auf Schätzungen.

D ~~Alle Zahlen lassen sich aufgrund von Statistiken belegen.~~

E ~~Die Schätzungen besagen, dass im Jahr 2010 mit 2.382 pflegebedürftigen Menschen zu rechnen ist.~~

F Laut Schätzungen des DIW wird es im Jahr 2010 2.382 Millionen pflegebedürftige Personen in Deutschland geben.

G Die Schülerzahlen werden bis zum Jahr 2015 stark abnehmen.

H ~~Nur die Schülerzahlen an beruflichen Schulen steigen bis zum Jahr 2015.~~

I ~~Im Jahr 2010 wird es nur noch 2.854 Grundschulen in Deutschland geben.~~

3 Ergänzen Sie die folgenden Sätze.
Möglichkeit:

A Auffallend ist, dass die Zahl der Grundschüler/innen _von 1999 bis 2015 stark abnimmt_.

B Von _1999 bis zum Jahr 2015_ verringert sich die Zahl der Grundschüler/innen um rund 815 000 Schüler/innen, _das entspricht_ einer Abnahme von etwa 23 %.

C Entsprechend _nimmt auch die Zahl der Haupt- und Realschüler/innen_ nach 2002 beständig ab.

D Eine gegenläufige Tendenz _weisen die beruflichen Schulen bis zum Jahr 2007 auf,_ allerdings gibt es dann auch in diesem Schulzweig einen Schülerrückgang.

E Der Rückgang der Schülerzahlen in der Grundschule _ist gleichzusetzen mit dem Rückgang der_ _____ Kinderzahlen insgesamt.

4 Rechtschreibung
Bilden Sie aus den Silben Substantive (Hauptwörter), die in die Lücken passen, und schreiben Sie die Substantive groß.

an – an – aus – be – dürf – gangs – ge – ge – gen – gen – jahr – li – me – men – men – mil – nah – nah – nen – on – per – pfle – ra – rungs – schät – schen – so – stei – te – ti – zahl – zu – zun

Verglichen mit der Zahl der _Pflegebedürftigen_ im _Ausgangsjahr_ 1999 erhöht sich diese Zahl bis zum Jahr 2020 nach _Schätzungen_ des DIW um rund eine _Million_, also gut 50 %. Das entspricht einer jährlichen _Steigerungsrate_ von etwa 2 %. In den 30 Jahren von 2020 bis 2050 erhöht sich die _Anzahl_ pflegebedürftiger _Personen_ um 1,8 Millionen. Somit beträgt die _Zunahme_ der pflegebedürftigen _Menschen_ gemäß den _Annahmen_ des DIW insgesamt 145 % gegenüber 1999.

5 Schreiben Sie jeweils einen Satz auf, in dem Sie darstellen, welche Folgerungen die genannten Personengruppen aus diesem Schaubild ziehen könnten.

A Kommunalpolitiker/innen *Möglichkeit:*
Sie könnten sich veranlasst sehen, die Ausgaben für Schulbauten einzufrieren oder zu senken, dagegen mehr Geld für Einrichtungen für pflegebedürftige Personen auszugeben.

B Berufsberater/innen *Möglichkeit:*
Sie könnten verstärkt Werbung für Berufe im Pflegebereich machen.

Extrablatt *Individuelle Lösung*

6 Geben Sie die Inhalte des Schaubildes (siehe Aufgabe 1) in einem zusammenhängenden Text wieder.

SCHAUBILDER WIEDERGEBEN

BESCHREIBEN

AURA (Emmanuel Ammon), Luzern

1 a) Ergänzen Sie in der folgenden Beschreibung die fehlenden Textteile.

b) Bringen Sie die Beschreibung in die richtige Reihenfolge.

| 2 | Sein Körperbau ist von athletischer Statur, seine Körperhaltung ist locker und entspannt. |

| 6 | Am linken Unterarm hat er deutliche Kratzspuren. Am linken Ohr _sieht man einen großen Ohrring._ |

| 5 | Der junge Mann ist bekleidet mit _Bluejeans, mit einem breiten Ledergürtel und einem ärmellosen Netzhemd. Über die rechte Schulter hat er eine Jacke hängen, die er mit der linken Hand festhält._ |

| 3 | Der junge Mann hat ein ovales Gesicht mit ausgeprägten Wangenknochen. Die Augen sind schmal geschnitten, mit dichten Augenbrauen darüber. Er hat eine große, breite Nase und volle Lippen, wobei zwischen Oberlippe und Nase nur ein geringer Abstand ist. Da er lacht, sieht man seine oberen Zähne, die etwas auseinander stehen. Sein Kinn ist ebenfalls relativ breit und ausgeprägt. |

| 4 | Seine Haare sind _millimeterkurz geschnitten_ und er trägt einen 3-Tage-Bart. |

| 1 | Bei der Person auf dem Foto handelt es sich _um einen jungen Mann Anfang 20, dem eine Ratte auf der Schulter sitzt._ |

Personen beschreiben

Vorarbeit
✗ Person genau betrachten

Aufbau
✗ Allgemeine Angaben zur Person (z. B. Mann, Frau, Kind, Comicfigur) machen

✗ Gestalt,
Kopf,
Kleidung,
Art der Bewegung beschreiben

✗ Besondere Merkmale nennen

Zeitform
✗ Präsens (Gegenwart)

Sprache
✗ Sachlich, genau

Zeichensetzung

2 Trennen Sie die folgenden Aufzählungen durch Kommas, außer wenn sie durch „und" oder „oder" verbunden sind.

Sie sieht einfach toll aus mit ihren langen Haaren ihren großen blauen Augen ihrem fein geschnittenen Gesicht und ihrer makellosen Haut. Diese ist im Sommer meistens leicht gebräunt glänzend durch die Sonnencreme und manchmal trotzdem leicht gerötet. Sie achtet besonders auf Körperpflege geputzte Zähne gepflegte Hände und eine gute Figur. Deshalb isst sie ballastreiche Kost wenig Fett wenig Süßigkeiten und trinkt kaum Alkohol. Außerdem fährt sie Rad spielt Volleyball und hat sogar schon bei einem Marathonlauf mitgemacht. Sie sitzt nie zu lange vor dem Computer macht zwischendurch Gymnastik oder eine längere Pause.

3

a) Markieren Sie die Eigenschaften, die auf Sie besonders zutreffen, mit einer Farbe, und die auf Sie überhaupt nicht zutreffenden, mit einer anderen Farbe. *Individuelle Lösung*

aggressiv, aktiv, angepasst, ängstlich, anpassungsfähig, anspruchslos, anständig, attraktiv, aufgeschlossen, ausgeglichen, bedächtig, begeisterungsfähig, beherrschend, beliebt, bequem, bescheiden, besonnen, charmant, cool, deprimiert, dickköpfig, diplomatisch, draufgängerisch, egoistisch, ehrgeizig, ehrlich, eigenständig, eigenwillig, einfühlsam, einsam, einsichtig, eitel, empfindlich, engstirnig, entgegenkommend, entschlossen, entspannt, ernst, fair, fantasievoll, feindselig, fit, fleißig, freundlich, fröhlich, geduldig, gefühlvoll, geizig, gelassen, geltungsbedürftig, gepflegt, gerecht, gesellig, gesprächig, glücklich, großzügig, hartnäckig, hilfsbereit, höflich, humorvoll, impulsiv, intelligent, interessiert, jähzornig, kameradschaftlich, kleinlich, kompromissbereit, konsequent, kontaktfreudig, kooperativ, kreativ, kritisch, launisch, lebenslustig, leichtsinnig, locker, lustig, misstrauisch, mitfühlend, modisch, musikalisch, mutig, nachdenklich, nachlässig, nachtragend, nervös, neugierig, offen, optimistisch, ordentlich, passiv, pessimistisch, pingelig, pünktlich, realistisch, rechthaberisch, redegewandt, reizbar, religiös, reserviert, rücksichtslos, rücksichtsvoll, sachlich, scheu, schlagfertig, schlau, schüchtern, selbstbeherrscht, selbstsicher, sentimental, sorglos, sparsam, spielerisch, sportlich, still, strebsam, stur, sympathisch, taktlos, taktvoll, talentiert, temperamentvoll, tolerant, träumerisch, treu, überheblich, umweltbewusst, ungeduldig, unsicher, unterhaltsam, unvernünftig, unzufrieden, verantwortungsvoll, vergesslich, verletzlich, vermittelnd, verschlossen, verschwenderisch, verschwiegen, verspielt, verständnisvoll, verträglich, vertrauensselig, verträumt, vielseitig, vorlaut, vorsichtig, wählerisch, wahrheitsliebend, weichherzig, wissbegierig, witzig, wortkarg, zärtlich, zerstreut, zielstrebig, zuverlässig, zuversichtlich

b) Wählen Sie drei Eigenschaften aus, die Sie an sich verändern möchten. *Individuelle Lösung*

4 Extrablatt

Beschreiben Sie sich selbst: Ihr Äußeres, Ihr Verhalten, Ihre Vorlieben und was Sie an sich wie verändern wollen. *Individuelle Lösung*

5 Rechtschreibung

Setzen Sie die Adjektive (Eigenschaftswörter) passend in die Lücken ein und schreiben Sie sie mit kleinen Anfangsbuchstaben.

blendend – breit – cool – dunkel – eigenwillig – gut – kurz – lässig – luftig – modisch – nackt – neu – neugierig – offen – pflegeleicht – sportlich – unangepasst – warm – zerkratzt – zerrissen

Wie er so _lässig_ dasteht, wirkt er ausgesprochen _cool_. Er scheint _eigenwillig_ und _unangepasst_ zu sein. Sein _breites_ und _offen_ wirkendes Lachen zeigt, dass er _gut_ drauf ist und _blendende_ Laune hat. Die _dunklen_ Haare sind _kurz_ geschnitten, _modisch_ und _pflegeleicht_. Die Ratte auf seiner Schulter streckt ihren Kopf _neugierig_ in die Gegend und scheint sich ebenfalls wohl zu fühlen. An seinem Körperbau lässt sich erkennen, dass er sich _sportlich_ betätigt. Sein linker Unterarm ist ziemlich _zerkratzt_, aber das scheint ihn nicht zu stören. Der Ledergürtel um seine Hüfte sieht aus, als ob er nicht mehr ganz _neu_ wäre, genauso wie die Jeans, die an einer Stelle schon _zerrissen_ sind. Sein bis auf ein Netzhemd _nackter_ Oberkörper lässt vermuten, dass es _warm_ ist und eine so _luftige_ Oberbekleidung ausreicht.

6 Extrablatt

Beschreiben Sie eine Person, die Sie gerne mögen. *Individuelle Lösung*

MEDIEN ALS INFORMATIONSQUELLEN NUTZEN

1 Notieren Sie, welches Medium Sie jeweils zur Lösung des Problems nutzen würden.

Möglichkeit:

A Sie fliegen am nächsten Morgen nach Havanna in den Urlaub und wollen wissen, wie das Wetter dort ist.
Internet

B Sie möchten erfahren, was sich am vergangenen Tag politisch ereignet hat.
Zeitung, Fernsehen, Internet

C Sie sind Hobbygärtner/in und wollen wissen, was man zu einer bestimmten Jahreszeit alles pflanzen kann.
Sachbuch, Fachzeitschrift

D Sie müssen in Gemeinschaftskunde ein Referat über den Bundestag halten und wollen sich deshalb darüber informieren, welche Aufgaben er hat.
Lexikon, Internet

E Mittags wurde, so haben Sie von einem Freund gehört, ein Attentat auf eine führende politische Persönlichkeit verübt und Sie wollen nach Feierabend Genaueres darüber erfahren.
Fernsehen, Radio, Internet

F Sie besitzen Aktien einer großen Firma und wollen wissen, ob ihr Wert gestiegen oder gefallen ist.
Zeitung, Fernsehen, Radio, Internet

G Sie wohnen im Rheintal. Der Rhein hat in der Nacht Hochwasser geführt und Sie wollen wissen, ob die Straße, die Sie zur Arbeit fahren müssen, überflutet oder befahrbar ist.
Radio

H Sie wollen wissen, ob Sie am nächsten Tag von den Wetterbedingungen her eine Grillparty in Ihrem Garten veranstalten können.
Zeitung, Fernsehen, Radio, Internet

I Sie müssen in der nächsten Woche ein Technologiereferat halten und möchten sich zum Thema informieren.
Sachbuch

Medien zur Beschaffung von Informationen

Sachbuch, Lexikon
- Ausführliche Informationen zu einem bestimmten Thema
- Kurze Informationen zu vielen Themen

Zeitung, Zeitschrift
- Anzeigen
- Informationen über das Zeitgeschehen und Lokales
- Berichte und Reportagen zu vielen Themen

Fernsehen
- Aktuelle Informationen über Politik, Wissenschaft, Kultur, Sport
- Berichte, Reportagen, Diskussionsrunden, Talkshows

Radio
- Stündlich aktualisierte Nachrichten mit regionalem Bezug
- Verkehrsinformationen
- Informationssendungen
- Aktuelle Musiktitel

Internet
- Länderübergreifende Informationen über fast alle Themen, Produkte, Dienstleistungen und Betriebe

2

a) Tragen Sie in die Tabelle ein, wie oft Sie welches Medium benutzen, um sich Informationen zu beschaffen. *Individuelle Lösung*

	Einmal täglich	Mehrmals täglich	Einmal wöchentlich	Mehrmals wöchentlich	Seltener	Gar nicht
Tageszeitung						
Wochenzeitung						
Zeitschrift						
Fachzeitschrift						
Sachbuch						
Lexikon						
Radio						
Fernsehen						
Internet						

b) Vergleichen Sie anschließend Ihre Ergebnisse untereinander. Wo ergeben sich Häufungen in der Nutzung? Erstellen Sie ein Kurvendiagramm. *Individuelle Lösung*

3

Vervollständigen Sie den Text sinnvoll mit den angegebenen Wörtern.

aktuellen – gewichtet – glaubwürdig – Informationen – Informationsgesellschaft – Internet – Massenmedien – prüft – veralten

Die moderne Gesellschaft wird auch als _Informationsgesellschaft_ bezeichnet. Das bedeutet zum einen, dass der Einzelne einer zunehmenden Flut von _Informationen_ ausgesetzt ist. Hierzu tragen besonders die _Massenmedien_ wie Radio, Fernsehen, Zeitungen und Internet bei, die zeitgleich eine Vielzahl von Menschen mit _aktuellen_ Informationen bedienen.

MEDIEN ALS INFORMATIONSQUELLEN NUTZEN

Zum anderen heißt es, dass die Informationen immer schneller _veralten_. Ihr Verfallsdatum sinkt. Für den Einzelnen bedeutet das, dass sich ihm heutzutage nicht mehr so sehr das Problem stellt, wie er zu den jeweiligen Informationen kommt, sondern wie er die Informationen _gewichtet_ und auf ihre Zuverlässigkeit hin _prüft_. Man muss sich also überlegen – das gilt besonders für das _Internet_ –, ob die Informationsquelle _glaubwürdig_ ist.

4 Setzen Sie die passenden Begriffe ein.

Lösungswörter (senkrecht):
- A: MEDIEN
- B: INTERNET
- C: DRAHTLOSTELEFON (?)
- D: ZEITUNGSKIOSK
- E: ERLEBNIS
- F: FERNSEHEN
- G: SUCHMASCHINE
- H: HEFT (?)
- I: TELEFON
- J: ZICHLICHT (?)
- K: ZEITSCHRIFT
- L:
- M: BAERENZ (?)
- N:
- O: RECHERCHE
- P:
- Q: NACHRICHT

Waagerecht: MEDIEN · INFORMIEREN

A Womit man sich informieren kann

B Modernes Medium zur Informationsbeschaffung

C Hiermit kann man sich informieren und nebenbei etwas anderes tun

D Ermöglicht es, sich gezielt über bestimmte Themen zu informieren

E Vermittelt Informationen in Stichworten

F Ermöglicht einem, sich auf bequeme Art informieren zu lassen

G Man braucht sie, wenn man sich im Internet Informationen beschaffen möchte

H Wird immer kleiner, leichter und vielseitiger

I Wird von Jugendlichen nicht mehr so oft genutzt

J Grundvoraussetzung für den Zugang zum Internet

K Erscheint regelmäßig und bietet Informationen zu vielen Gebieten

L Eine Nachricht, die man per Computer oder Handy verschickt, um andere zu informieren

MEDIEN ALS INFORMATIONSQUELLEN NUTZEN

M Textsorte zur Informationsübermittlung

N Sie wird in die Zeitung gesetzt, wenn man z. B. etwas kaufen oder verkaufen möchte

O Form der Berichterstattung für Zeitung, Rundfunk oder Fernsehen

P Das müssen Informationen sein, sonst sind sie veraltet

Q Werden stündlich im Radio gesendet

5 a) Ordnen Sie den Jahreszahlen das jeweils passende Ereignis der Mediengeschichte zu.

A ca. 105	**1** Carl Friedrich Gauß und Wilhelm Weber erfinden einen Nadeltelegrafen, der Signale auf elektromagnetischem Weg übermittelt.
B ca. 147	**2** In Europa entstehen über tausend Druckereien.
C 1445	**3** Die ersten vier Rechner werden vernetzt (ARPA-Net: Advanced Research Project Agency, Vorläufer des Internets).
D 1476	**4** Das erste transatlantische Kabel verbindet Europa mit Amerika und ermöglicht Informationsübermittlung in kürzester Zeit.
E zwischen 1445 und 1500	**5** Der Schotte Alexander Bain erfindet das Faxgerät.
F 1833	**6** Guglielmo Marconi sendet die ersten Radiowellen.
G 1837	**7** Das erste Handy wird von der US-Armee gebaut. Es wiegt 2,5 kg.
H 1858	**8** Die Deutsche Telekom startet das D1-Netz.
I 1883	**9** Johannes Gutenberg aus Mainz druckt erstmals mit beweglichen, gegossenen Metallbuchstaben.
J 1886	**10** Der erste Radiosender der Welt (KDKA) geht auf Sendung.
K 1901	**11** William Caxton gründet die erste englische Buchdruckerei in London.
L 1920	**12** Die Verständigung entlang der Postenkette am römischen Limes geschieht mit Feuerzeichen.
M 1943	**13** Ts'ai Lun erfindet die Papierherstellung.
N 1969	**14** Hermann Hollerith, Gründer der Firma IBM, konstruiert eine elektromagnetische Maschine.
O 1991	**15** Samuel B. Morse erfindet einen Schreibtelegrafen und benutzt einen Punkt-Strich-Kode, der heute noch gilt.

A 13, B 12, C 9, D 11, E 2, F 1, G 15, H 4, I 5, J 14, K 6, L 10, M 7, N 3, O 8

b) Beschreiben Sie, was Ihnen auffällt, wenn Sie die Ereignisse mit den Daten vergleichen.

Möglichkeit:

Von der Erfindung der Papierherstellung bis zur Verbreitung des Papiers und des Buchdrucks vergehen fast 1500 Jahre. Die Entwicklung der Kommunikationselektronik in der frühen Neuzeit geht sehr viel rascher voran. Am schnellsten werden Neuerungen im 20. Jahrhundert umgesetzt.

Rechtschreibung

6 Bilden Sie aus den Silben Substantive (Hauptwörter) und setzen Sie diese passend ein.
Schreiben Sie die Anfangsbuchstaben groß. Manche Silben können mehrfach verwendet werden.

bel – bin – bü – cher – com – dig – dung – ent – for – ge – gen – in – jah – ka – keit – li – lung –
ma – mil – nal – nen – nets – o – ons – pa – per – pier – pro – pu – re – schaft – schwin – sell – so –
ter – ters – ti – tun – ver – wick – zei – zess

Überlegt man sich, wie lange die _Entwicklung_ zur _Informationsgesellschaft_ gedauert hat, ist man überrascht, wie schnell sich das Informationskarussell jetzt dreht. Bis das _Papier_ seinen Weg von China nach Deutschland gefunden hatte, vergingen 1300 _Jahre_. _Bücher_ und _Zeitungen_ waren ein großer Fortschritt, denn nun konnten sich viele Menschen über verschiedene Themen informieren. Mit der _Kabelverbindung_ zwischen Europa und Amerika wurde die Welt noch „kleiner", weil _Informationen_ auf diese Weise mit vorher nicht gekannter _Geschwindigkeit_ _____ übermittelt werden konnten. Durch die Erfindung des _Personalcomputers_ und des _Internets_ beschleunigt sich dieser _Prozess_ immer mehr, bedenkt man, dass im Jahr 1969 erst vier Computer miteinander vernetzt waren und es jetzt viele _Millionen_ sind.

7 a) Jedem Buchstaben ist ein Symbol zugeordnet. Entschlüsseln Sie die Begriffe.
Die Umlaute ä, ö und ü werden ae, oe und ue geschrieben.

A	B	C	D	E	F	G	H	I	J	K	L	M	N	O	P	Q	R	S	T	U	V	W	X	Y	Z
°	!	„	%	§	&	/	{	(	\	<	☆	¶	■	♠	❶	□	~	✓	•	;	♥	?	▲	—	≠

1 % § ~   _Der_
2 % ° ✓ ✓ - ✓ ° • ≠   _Dass-Satz_
3 ? (~ %   _wird_
4 % ; ~ „ {   _durch_
5 < ♠ ¶ ¶ °   _Komma_
6 ♥ ♠ ■   _von_
7 ° ■ % § ~ § ■   _anderen_
8 ✓ ° § • ≠ § ■   _Sätzen_
9 ° ! / § • ~ § ■ ■ • _abgetrennt._

MEDIEN ALS INFORMATIONSQUELLEN NUTZEN

Zeichensetzung

b) Verbinden Sie jeweils die beiden Sätze miteinander. Wandeln Sie dabei den zweiten Satz in einen Dass-Satz um. Beachten Sie die Kommasetzung.

A Es ist eine Tatsache. Junge Menschen verfügen heute über viel mehr Informationen als früher.

Es ist eine Tatsache, dass junge Menschen heute über viel mehr Informationen verfügen als früher.

B Kritiker äußern die Befürchtung. Durch diese Entwicklung werden Bücher und Zeitungen nicht mehr gelesen.

Kritiker äußern die Befürchtung, dass durch diese Entwicklung Bücher und Zeitungen nicht mehr gelesen werden.

C Allerdings muss man auch das bedenken. Die Angebote der neuen Medien werden überwiegend zusätzlich zum Buch oder zur Zeitung eingesetzt.

Allerdings muss man auch das bedenken, dass die Angebote der neuen Medien überwiegend zusätzlich zum Buch oder zur Zeitung eingesetzt werden.

D Es ist häufig zu beobachten. Fortschritt erzeugt auch Ängste.

Es ist häufig zu beobachten, dass Fortschritt auch Ängste erzeugt.

E Dies rührt auch daher. Viele Menschen können nicht einschätzen, wohin eine neue Entwicklung führt.

Dies rührt auch daher, dass viele Menschen nicht einschätzen können, wohin eine neue Entwicklung führt.

F Es muss nicht so sein. Alles Neue ist gut, aber es muss auch nicht alles Neue schlecht sein.

Es muss nicht so sein, dass alles Neue gut ist, aber es muss auch nicht alles Neue schlecht sein.

G Es ist wichtig. Man findet den richtigen Umgang mit den neuen Medien.

Es ist wichtig, dass man den richtigen Umgang mit den neuen Medien findet.

H Dies führt dann dazu. Sie bereichern unser Leben.

Dies führt dann dazu, dass sie unser Leben bereichern.

ARGUMENTIEREN

1 Situation

Im Zusammenhang mit der Planung einer Klassenfahrt wird ein Pflegschaftsabend veranstaltet, an dem Schüler/innen, Lehrer/innen, Eltern und Ausbilder/innen teilnehmen und sich dazu äußern können.

a) Lesen Sie die folgenden Äußerungen, die von verschiedenen Teilnehmerinnen und Teilnehmern gemacht wurden.

❶ Grundsätzlich halte ich Klassenfahrten für sinnvoll, aber wir haben vier Kinder und wenn jedes auf Klassenfahrt gehen möchte, können wir uns das nicht leisten.

❷ Klassenfahrten sind nur vertane Zeit! Die haben doch noch gar nichts geleistet und denken sowieso nur an ihr Vergnügen!

❸ Klassenfahrten stärken den Zusammenhalt innerhalb der Klasse und ermöglichen dadurch ein viel produktiveres Arbeiten.

❹ Man lernt bei einer Klassenfahrt die Lehrerinnen und Lehrer von einer ganz anderen Seite kennen. Die sind da viel lockerer. Meistens versteht man sich hinterher besser.

❺ Einen Azubi auf Klassenfahrt zu lassen kommt überhaupt nicht infrage! Den habe ich doch nicht eingestellt, damit ich ihn frei stelle!

❻ Eine Klassenfahrt ermöglicht es, auf eine ganz andere Art zu lernen. Bei einer Exkursion werden alle Sinne angesprochen, deshalb merken sich die Schülerinnen und Schüler solche Inhalte viel besser, als wenn sie sie nur vom Hörensagen her kennen.

❼ Wenn ich mir überlege, dass von fünf Azubis drei auf Klassenfahrt gehen, dann habe ich in meiner Firma große Probleme, die Arbeit zu bewältigen.

❽ Also, wir waren doch alle mal jung! Und an die Klassenfahrten, die wir gemacht haben, kann sich sicher noch jeder von Ihnen erinnern. Der erste Kuss, die erste schlaflose Nacht, das war doch einfach toll! Das können wir unseren Kindern doch nicht vorenthalten!

Argumentieren

Vorüberlegungen
- ✗ Was weiß ich schon?
- ✗ Woher kann ich mir Informationen beschaffen?

Aufbau
- ✗ These (Behauptung) aufstellen
- ✗ These mit einem Argument (Begründung) untermauern

    Das Argument wird meist mit einer Konjunktion (Bindewort) eingeleitet, z. B. weil, da, denn.

- ✗ Argument mit einem Beispiel veranschaulichen

Zeitform
- ✗ Präsens (Gegenwart)

Sprache
- ✗ Sachlich
- ✗ Klare Sätze

Besonderheit
- ✗ Die Argumente und Beispiele sollten darauf abgestimmt sein, wem gegenüber sie vorgebracht werden.
    Für die Zielperson muss das Argument überzeugend sein.

9 Eine Klassenfahrt bedeutet für mich lediglich zusätzlichen Stress und Ärger. Deshalb lehne ich Klassenfahrten grundsätzlich ab.

10 Denen ist doch ohnehin nichts gut genug, ein Aufenthalt innerhalb der Region kommt gar nicht infrage, von den Kommentaren über Jugendherbergen ganz zu schweigen. Also kann man auch gleich ganz auf eine Klassenfahrt verzichten.

11 Wir haben doch nur auf einer Klassenfahrt die Möglichkeit, mal andere Dinge zu tun, zum Beispiel ein Lagerfeuer zu machen oder für 25 Leute Spaghetti zu kochen. Das sind doch Erfahrungen, die man sonst nicht machen kann.

12 Die Ansprüche oder die Bequemlichkeit, die unsere Kinder auch durch unsere Schuld an den Tag legen, können durch eine solche Veranstaltung etwas gemindert werden, weil sie hier alles selbst tun müssen.

13 Es ist durchaus eine sinnvolle Erfahrung, wenn den Jugendlichen einmal aufgezeigt wird, dass man mit viel weniger auskommen kann, als man vermuten würde.

14 Klassenfahrten sind völliger Quatsch! Woanders verhungern die Kinder und hier denkt man nur an sein Vergnügen!

b) Bestimmen Sie, welche Äußerung für welche Personengruppe ein Argument sein könnte.
Möglichkeit:

Personengruppen	Berufsschüler/innen	Eltern	Lehrer/innen	Ausbilder/innen
Äußerungen	3, 4, 11	1, 2, 3, 6, 8, 10, 11, 12, 13, 14	1, 3, 6, 8, 9, 10, 11, 13	2, 3, 5, 6, 7, 8, 10, 13, 14

2 Äußern Sie Ihre Meinung über Klassenfahrten. Formulieren Sie dazu
a) zwei Argumente, die Sie Eltern gegenüber vorbringen könnten. *Individuelle Lösung*

b) zwei Argumente, die Sie Ausbilderinnen und Ausbildern gegenüber vorbringen könnten. *Individuelle Lösung*

ARGUMENTIEREN

3

a) Markieren Sie im folgenden Buchstabenwirrwarr die 15 Konjunktionen (Bindewörter), die sich darin befinden. Lesen Sie von links nach rechts, von rechts nach links, von oben nach unten, von unten nach oben und diagonal.

	1	2	3	4	5	6	7	8	9	10	11	12	13	14
A	S	S	A	D	V	O	Ö	B	F	A	E	F	U	A
B	P	M	M	A	J	K	T	G	M	N	D	T	L	N
C	W	T	R	R	H	V	L	I	E	W	W	S	H	L
D	O	I	E	G	M	F	V	A	D	P	E	U	J	Ö
E	T	D	E	E	G	A	F	H	H	Y	U	N	I	O
F	O	B	W	O	H	L	F	F	C	J	H	G	N	O
G	N	A	S	D	G	L	B	R	A	Z	I	H	U	B
H	N	F	J	D	Ä	S	O	S	N	N	A	D	X	N
I	E	G	H	J	A	E	R	F	G	H	J	N	D	C
J	D	S	F	H	V	H	C	B	N	M	R	U	M	W
K	G	D	E	R	G	J	E	D	O	C	H	E	M	U
L	A	K	S	O	N	D	E	R	N	Z	D	F	H	N
M	E	R	T	Z	E	I	H	J	K	N	S	V	B	N
N	A	B	E	R	W	E	R	T	I	S	D	F	G	J

b) Schreiben Sie die Konjunktionen (Bindewörter) heraus.

aber, als, da, dass, denn, falls, indem, jedoch, nachdem, obwohl, oder, sondern, und, weil, wenn

4

a) Setzen Sie die passenden Konjunktionen (Bindewörter) ein.

Möglichkeit:

A In diesem Punkt stimme ich Ihnen zu, _aber_ insgesamt bin ich anderer Meinung.

B Was Sie vortragen, überzeugt nicht, _weil_ es kein Argument, _sondern_ nur ein Beispiel zur Veranschaulichung ist.

C _Wenn_ Sie derart persönlich werden, haben wir keine sachliche Diskussion mehr.

D Ich bin nicht Ihrer Meinung, _da/weil_ ich andere Erfahrungen gemacht habe.

E _Indem/Wenn_ Sie herumschreien, kommen wir in der Diskussion auch nicht weiter.

F _Weil_ das Ihre persönliche Meinung ist, muss sie nicht auch für andere gelten.

G Ich kann Ihnen nicht ganz zustimmen, _obwohl_ auch ich den von Ihnen erwähnten Gesichtspunkt für wichtig halte.

H _Wenn/Falls_ Sie mir zustimmen könnten, würde ich mich freuen.

I _Obwohl_ Sie einen wichtigen Punkt ansprechen, halte ich ihn für nicht so entscheidend.

J _Wenn_ Sie Ihre Meinung in diesem Punkt ändern würden, könnte ich Ihnen voll zustimmen.

b) Formulieren Sie aufgrund dieser Sätze zwei Regeln, die sowohl bei einer Argumentation als auch bei einer Diskussion eingehalten werden sollten.

1. Beispiele können Argumente nicht ersetzen. Sie veranschaulichen nur.

2. Man soll sachlich bleiben.

5 Zeichensetzung

Trennen Sie die Sätze, die mit einer Konjunktion (Bindewort) eingeleitet werden, durch ein Komma ab.

Selbst bei unterschiedlichen Ansichten hinsichtlich einer Klassenfahrt sollte man in der Argumentation sachlich bleiben, denn niemand von uns wird gerne persönlich angegriffen, weil er eine andere Meinung hat. Ich kann verstehen, dass Ihnen nicht jedes Argument gefällt, aber ich habe auch mit einigen Äußerungen von Ihnen Probleme, aber deshalb darf ich Sie noch lange nicht beleidigen. Die Meinung einer Schülerin ist nicht unbedeutend, weil sie noch minderjährig ist. Viele Erwachsene werfen uns einen respektlosen Umgang mit ihnen vor, aber wie kann man von uns einen angemessenen Umgang erwarten, wenn wir selbst respektlos behandelt werden? Darüber sollten auch die Erwachsenen einmal nachdenken, denn auch Jugendliche möchten ernst genommen werden, obwohl ihre Lebenserfahrung noch nicht so groß ist.

6 Situation

Sie möchten in Ihrer Schule eine Filmnacht veranstalten. Sie wissen von früheren Aktivitäten, dass die Schulleitung solchen Anliegen gegenüber nicht sehr aufgeschlossen ist.

Notieren Sie Argumente, die Sie den folgenden Äußerungen entgegensetzen könnten. *Individuelle Lösung*

A Da macht doch überhaupt keine Lehrerin und kein Lehrer freiwillig Aufsicht!

B Bisher ist das mit der Reinigung im Anschluss an derlei Aktionen immer schief gegangen. Hinterher war das ganze Schulhaus verdreckt.

C Wegen der Beschwerden der Nachbarn, die regelmäßig nach Schulveranstaltungen kamen, können wir so etwas nicht mehr veranstalten.

D Die Hausmeisterin und den Hausmeister können Sie unmöglich für eine solche Veranstaltung begeistern.

ARGUMENTIEREN

STELLUNG NEHMEN

1 Lesen Sie den Aufsatz eines Schülers zum Thema „Sportunterricht in der Berufsschule".

Eine Berufsschule soll, wie der Name schon sagt, im Gegensatz zu einer allgemein bildenden Schule die Schüler auf ein bestimmtes Berufsfeld wie z.B. Kfz-Mechaniker oder Metzger vorbereiten. Deshalb stellt sich durchaus die Frage, ob in einer Berufsschule Sportunterricht erteilt werden soll. Denn schließlich hat Sport weder etwas mit dem Beruf eines Kfz-Mechanikers zu tun noch mit dem eines Metzgers. Dennoch bin ich der Meinung, dass der Sport als Fachunterricht auch in Berufsschulen vertreten sein sollte. Hierfür gibt es nämlich verschiedene gute Gründe:

Einmal spricht alle Welt – besonders der männliche Teil davon – andauernd über den Sport. Da kann es nicht falsch sein, wenn man den Sport nicht nur vom Hörensagen oder vom Zusehen her kennt, sondern auch eigene Erfahrungen damit gemacht hat. Man bemerkt dann, dass es schwieriger ist, etwas selbst zu machen als nur darüber zu reden. Vielleicht hat man dann mehr Verständnis dafür, wenn Giovanni Elber in einem Bundesligaspiel ein Tor versiebt, weil man im Sportunterricht selbst erlebt hat, dass es nicht immer einfach ist, einen Ball ins Tor zu setzen.

Auch ist der Sportunterricht eine angenehme Abwechslung während des langen Schultages eines Berufsschülers, der überwiegend sitzen muss. Endlich kann man sich etwas austoben und seinen Kräften freien Lauf lassen. Gleichzeitig besteht hierbei die Möglichkeit, Aggressionen, die sich im Unterricht oder im Betrieb aufgebaut haben, loszuwerden. Wenn man z.B. Ärger mit dem Chef oder mit einem Lehrer hatte, dann kann man mit einem Ballspiel die Aggressionen gut wegkriegen.

Dann hält – was mir wichtig erscheint – Sport allgemein körperlich fit, und dies außerdem oft auf spielerische Weise. Das schadet niemandem, aber es nutzt jedem. Natürlich gilt das auch für Berufsschüler, und zwar unabhängig davon, ob sie als Verkäuferinnen oder Verkäufer den ganzen Tag stehen müssen oder als Installateure hinter irgendwelchen Waschbecken herumkriechen.

Schließlich, und das halte ich für einen besonders wichtigen Punkt, könnte man den Sportunterricht in der Berufsschule auch so organisieren, dass er in der Tat in Bezug gesetzt wird zu einzelnen Berufsfeldern. Warum sollte nicht bei sitzenden Berufen wie technischen Zeichnerinnen oder Versicherungskaufleuten besonders auf solche Dinge wie Rücken- und Sitzschulung Wert gelegt werden? In handwerklichen Berufen wie bei Schreinern oder Zimmerleuten hingegen könnten Hebetechniken vermittelt werden.

Ein letztes Argument wäre noch folgendes: In der Berufsschule werden nicht nur inhaltliche und fachliche Fähigkeiten vermittelt, sondern man soll auch soziale Kompetenzen beigebracht bekommen wie z.B. Kommunikations- und Teamfähigkeit. Auch so etwas kann man im Sportunterricht auf vergnügte Weise fast spielerisch lernen. Wer den Ball nicht rechtzeitig abgibt, weil er nicht gemerkt hat, wohin er ihn spielen kann, steht zum Schluss alleine da und die Mannschaft verliert.

Wenn ich also diese Überlegungen zusammenfassend betrachte, denke ich, dass Sportunterricht im Stundenplan einer Berufsschule unbedingt einen sinnvollen Platz einnimmt, da er zugleich entspannen und bilden kann.

2 Markieren Sie in dem Schüleraufsatz die Teile einer Stellungnahme in unterschiedlichen Farben.

A These (eigener Standpunkt)

B Argumente (Begründungen)

C Beispiele

D Folgerung

Stellungnahme

Eine kurze Stellungnahme hat folgenden Aufbau.

- **Eigener Standpunkt** (These)

  Ich befürworte ein generelles Verbot von Alkohol im Straßenverkehr.

- **Argument** (Begründung)

  Denn die meisten Verkehrsunfälle geschehen unter Alkoholeinwirkung.

- **Beispiel**

  Ein Freund von mir verursachte, nachdem er zwei Bier getrunken hatte, einen Auffahrunfall, weil er das Fahrzeug vor sich zu spät bemerkte.

- **Folgerung**

  Daher ist es sinnvoll, keinen Alkohol zu trinken, wenn man mit dem Fahrzeug unterwegs ist, weil die Reaktionsfähigkeit eingeschränkt wird.

- **Aufforderung**

  Die Gesetze sollten entsprechend geändert werden. Denn solange Alkohol im Straßenverkehr nicht generell verboten ist, wird er auch getrunken.

---

3 Notieren Sie, welche Argumente aus dem Schüleraufsatz für folgende Zielgruppen am überzeugendsten sind.

A Schüler/innen

Eigene Erfahrung mit Sport, Abwechslung, Aggressionsabbau,

Sport hält fit, Teamfähigkeit

B Lehrer/innen

Abwechslung, Aggressionsabbau, Bezug zu Berufsfeldern, Teamfähigkeit

C Handwerkskammer/Industrie- und Handelskammer

Sport hält fit, Bezug zu Berufsfeldern, Teamfähigkeit

4 a) Formulieren Sie drei Argumente, die gegen den Sportunterricht in der Berufsschule vorgebracht werden könnten.
Möglichkeit:

1 Viele Schüler/innen sind bereits in Vereinen organisiert, treiben

also schon in der Freizeit Sport.

2 Aufgrund des Lehrermangels ist es schon schwierig, die Unterrichts-

versorgung im Pflichtbereich sicherzustellen. Sportunterricht lässt sich

unter diesen Bedingungen nicht rechtfertigen.

3 Die Verletzungsgefahr im Sportunterricht ist nicht unerheblich,

was zur Folge hätte, dass Schüler/innen im Betrieb und in der Schule

ausfielen.

b) Führen Sie für jedes Argument ein bis zwei Beispiele an.
Möglichkeit:

1 Z. B. in einem Fußballverein oder in einem Volleyballverein

2 Schon jetzt fallen viele Stunden im Pflichtbereich aus, die auch

durch Mehrarbeit der Lehrerinnen und Lehrer nicht aufgefangen werden

können. Die Betriebe würden es sicherlich nicht gerne sehen, wenn

in der Fachtheorie der Unterricht ausfiele, der Sportunterricht aber

stattfinden würde.

3 Schnell ist im Sportunterricht ein Kreuzband gerissen oder ein Finger

gebrochen.

STELLUNG NEHMEN

5 Verfassen Sie eine Stellungnahme zu folgender These.

> Die Jugend von heute nimmt sich zu viel heraus. Man sollte sie strenger erziehen.

Möglichkeit: Oft werden Jugendliche von älteren Menschen darauf angesprochen, warum sie sich nicht angemessen verhalten. In der Tat ist es so, dass Jugendliche ihre Grenzen immer weniger zu kennen scheinen, sie nehmen sich zu viel heraus. Im Folgenden möchte ich zu diesem Thema Stellung nehmen.

Viele Jugendliche kennen ihre Grenzen nicht mehr, weil beide Eltern berufstätig sind. Dies hat zur Folge, dass tagsüber niemand da ist, der einem sagt, was man darf und was nicht. Abends, wenn die Eltern dann müde und genervt von der Arbeit nach Hause kommen, möchten sie ihren Kindern oftmals nichts verbieten, weil sie eine Auseinandersetzung mit ihrem Nachwuchs fürchten. Wenn ein Jugendlicher die Eltern abends beispielsweise um Geld bittet, weil er noch in die Disko will, sind die Eltern meistens bereit, ihm das Gewünschte zu geben. Wenn durch die Trennung der Eltern nur ein Elternteil für die Erziehung zuständig ist, wird dieses Problem noch verschärft, weil meist noch ein schlechtes Gewissen hinzukommt. Das Kind soll auf keinen Fall einen Nachteil haben und so ermöglicht die Mutter oder der Vater zum Beispiel den Kauf teurer Klamotten, die die finanziellen Möglichkeiten weit übersteigen.

Ein weiterer Punkt, warum sich die Jugendlichen von heute zu viel herausnehmen, ist der Medienkonsum. In den Medien wird den Jugendlichen Tag für Tag vorgemacht, dass es nichts gibt, was nicht möglich wäre. Also probieren die Jugendlichen dieses auch aus und stellen fest, dass ihnen eigentlich nicht widersprochen wird. Einem Jugendlichen passiert zum Beispiel gar nichts, wenn er einen älteren Menschen anpöbelt, der ihn dazu auffordert, ein weggeworfenes Papier wieder aufzuheben.

Außerdem fehlen den Jugendlichen auch positive Vorbilder. Warum, so denken sich viele Jugendliche, sollte ich mir nicht auch das herausnehmen, was die Erwachsenen tun? Viele Politiker sind in Affären verwickelt und im Sport stehen Dopingskandale auf der Tagesordnung.

Abschließend möchte ich folgende Schlussfolgerung ziehen: Die Jugendlichen nehmen sich in der Tat zu viel heraus. Die Ursachen hierfür sind aber weniger bei den Jugendlichen selbst zu suchen, sondern in der Gesellschaft. Um hier eine langfristige Verbesserung zu erreichen, müsste ein Umfeld für die Jugendlichen geschaffen werden, das es ihnen ermöglicht, auch einmal die Erfahrung mit einem „Nein" zu machen, das auch respektiert wird. „Halt" sagen heißt auch „Halt" geben.

6 Situation

Es wird immer wieder diskutiert, ob Schüler/innen ihre Lehrer/innen benoten sollten.

a) Lesen Sie den Brief, den ein empörter Lehrer geschrieben hat.

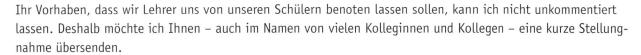

Sehr geehrte Frau Ministerin,

Ihr Vorhaben, dass wir Lehrer uns von unseren Schülern benoten lassen sollen, kann ich nicht unkommentiert lassen. Deshalb möchte ich Ihnen – auch im Namen von vielen Kolleginnen und Kollegen – eine kurze Stellungnahme übersenden.

Zum einen halte ich es nicht für sinnvoll, Schülerinnen und Schülern so viel zuzutrauen, dass sie uns Lehrer beurteilen könnten, denn wenn dies nach fachlichen Gesichtspunkten geschehen soll, dann haben die Schülerinnen und Schüler nicht in ausreichendem Maß den Einblick, den sie für eine fachlich fundierte Beurteilung bräuchten. Die Lehrpläne sind teilweise so gestaltet, dass im Unterricht nicht viel vertiefendes Wissen angeboten werden kann, sondern nur Grundlagen vermittelt werden können.

Zum anderen sehe ich die Gefahr, dass die Lehrerin oder der Lehrer die besten Noten bekommt, die/der selbst die besten Noten gibt und die einfachsten Arbeiten schreiben lässt. Für unser Bildungssystem, dessen Ruf seit der Pisa-Studie angeschlagen ist, wäre das das falsche Signal, da die Schüler noch weniger unter dem Zwang stehen würden zu lernen.

Auch können die Schülerinnen und Schüler manchmal nicht zwischen der Person, die einen Stoff vermittelt, und dem Fach selbst unterscheiden. Wenn eine junge hübsche Lehrerin etwas Langweiliges unterrichtet, dann passen die Schüler dennoch eher bereitwillig auf. Wenn ich als alternder Lehrer etwas spannend unterrichte, dann merken das die Schüler unter Umständen gar nicht, weil sie sich schon an meiner Person stören.

Also, sehr geehrte Frau Ministerin, bitte nehmen Sie Abstand von der Idee der Lehrerbenotung, es sprechen wohl genug gute Gründe dagegen.

Mit freundlichem Gruß

Robert Hildt

Extrablatt

b) Verfassen Sie eine Stellungnahme, in der Sie die Benotung der Lehrer/innen befürworten.

Individuelle Lösung

KRITIK ÜBEN – AUF KRITIK ANTWORTEN

1 Situation

Kirsten ist in der Ausbildung zur Großhandelskauffrau und gewohnt, kleine Aufträge selbstständig zu erledigen. Sie soll für einen wichtigen Großkunden die Preislisten bearbeiten. Da sie unsicher ist, wie viel Prozent Rabatt sie diesem Kunden gewähren soll, hätte sie gerne zuerst mit der Sachbearbeiterin ihrer Abteilung gesprochen.

Eine Stunde später begegnet sie ihr auf dem Flur und sagt: „Ich habe heute Morgen schon dreimal bei Ihnen angerufen."

In dieser Aussage stecken diese vier Botschaften:

A Ich wollte Sie gerne sprechen, habe Sie aber nicht errreicht.

B Ich wollte Sie sprechen, weil Sie kompetent sind und mir bisher auch immer geholfen haben.

C Ich bin unsicher. Ich kann das nicht allein. Deshalb wollte ich Sie sprechen.

D Kümmern Sie sich bei solchen Problemen stärker um mich und halten Sie sich gesprächsbereit.

a) Ordnen Sie die jeweilige Botschaft der Erklärung im Modell zu. Tragen Sie hierzu den Großbuchstaben in das Kästchen ein.

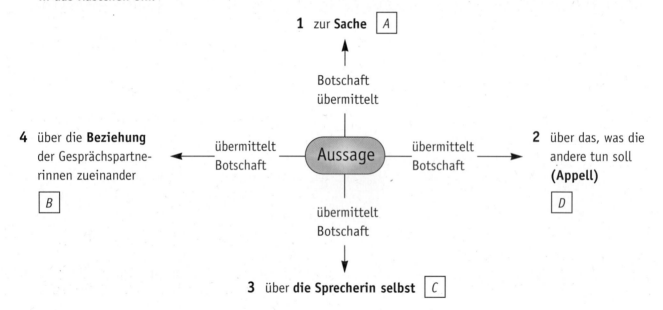

b) Notieren Sie, was die Sachbearbeiterin vor allem aus Kirstens Aussage: „Ich habe heute Morgen schon dreimal bei Ihnen angerufen" herausgehört hat, wenn sie so reagiert.

A Sie freut sich über Kirstens Aussage und bittet sie sofort in ihr Zimmer.

Sie hat vor allem etwas über die Beziehung zu Kirsten herausgehört und möchte das gute Bild, das Kirsten von ihr hat, nicht zerstören.

B Sie ist verärgert und findet es unangebracht, dass Kirsten sie so anfährt.

Sie hat vor allem die Kritik herausgehört, dass sie für Kirsten stets gesprächsbereit sein sollte.

2 Situation

Kirsten wurde von ihrem Chef gebeten, für eine Besprechung Kaffee zu kochen. Nachher sagt er zu ihr: „Der Kaffee war zu stark."

a) Notieren Sie, was Kirsten

Möglichkeit:

A rein sachlich verstehen könnte.

Der Kaffee schmeckte nicht, weil er zu stark war.

B selbst sich für das nächste Mal vornehmen könnte.

Ich muss aufpassen, dass ich das nächste Mal nicht zu viel Kaffeepulver nehme.

C über den Chef selbst heraushören könnte.

Der Chef verträgt keinen starken Kaffee.

D über die Beziehung ihres Chefs zu ihr entnehmen könnte.

Der Chef befiehlt ihr: Nehmen Sie das nächste Mal weniger Kaffeepulver.

b) Schreiben Sie Kirstens Antwort auf,

A wenn sie mehr einen Appell in der Aussage des Chefs wahrnimmt.

Das nächste Mal werde ich weniger Kaffeepulver nehmen.

B wenn sie das Befinden des Chefs heraushört.

Das tut mir Leid, das nächste Mal werde ich Ihnen einen verträglicheren Kaffee machen.

C wenn sie die Aussage des Chefs eher als einen Ausdruck seiner Unzufriedenheit mit ihr auffasst.

Ich werde mich bemühen, Ihnen das nächste Mal einen schwächeren Kaffee zu kochen.

3 Situation

Der Baustellenleiter hatte Sie gebeten, unmittelbar nach Erledigen der Arbeit vom Vormittag in sein Büro zu kommen. Sie erschienen dort aber erst nach der Mittagspause.

Markieren Sie die Aussage, die die Kritik mit der Wertschätzung Ihrer Person verbindet und Sie nicht verletzt.

A Auf Sie kann man sich einfach nicht verlassen. Ich hatte gesagt unverzüglich, und Sie kommen erst jetzt.

B ==Es ist schön, dass Sie so gewissenhaft die Arbeit erledigt haben, aber ich war davon ausgegangen, dass Sie spätestens nach der Frühstückspause bei mir sind.==

C Mitarbeiter wie Sie, auf die ich immer warten muss, kann ich nicht gebrauchen.

4 Kreuzen Sie die Kritik an, durch die Sie sich weniger verletzt fühlen.

A ☐ 1 Du hörst mir nie zu.
☒ 2 Ich habe den Eindruck, du bist mit den Gedanken woanders.

B ☒ 1 Mir kommt es so vor, als suchtest du eine Ausrede.
☐ 2 Du hast immer eine andere Ausrede.

C ☐ 1 Dir gefällt aber auch gar nichts.
☒ 2 Ich habe das Gefühl, dir gefällt das nicht.

5 Formulieren Sie die Kritik in der Ichform, damit sie nicht so verletzend wirkt.

Möglichkeit:

A Du hast in der Zwischenprüfung ja nur eine Vier. Du bist einfach faul.

Ich denke, dass du eine bessere Note als Vier erreichen könntest, wenn du nur etwas mehr Einsatz zeigen würdest.

B Immer müssen wir auf dich warten.

Ich stelle fest, dass wir oft auf dich warten müssen.

C Du hast nie Zeit zum Aufräumen.

Ich habe den Eindruck, du planst keine Zeit zum Aufräumen ein.

KRITIK ÜBEN – AUF KRITIK ANTWORTEN

FREIES REDEN VORBEREITEN

1 Ordnen Sie jedem Inhalt einen geeigneten Redeanlass zu.

A Information über Sachverhalte

B Danksagung an Ausbilder/in

C Humorvoller Rückblick auf gemeinsam Erlebtes

D Humorvoller Rückblick auf gemeinsame Schulzeit

E Argumentation zur Verbesserung der Sanitäranlagen in der Schule

F Information über Arbeitsergebnisse

1 Hochzeit des besten Freundes

2 Referat

3 Lossprechungsfeier

4 Gruppensitzung im Unterricht

5 SV-Sitzung

6 Zeugnisausgabe in der Berufsschule

A 2, B 3, C 1, D 6, E 5, F 4

2 **a) Schreiben Sie die Sachinformationen in Stichworten heraus.**

Gelsenkirchen soll strahlen

Ein ebenso überdimensionales wie begehbares Kunstwerk soll zum Licht-Kunstfestival vom 12. bis 15. Juli in der Gelsenkirchener Innenstadt entstehen. Eine rund 40 Meter lange und zehn Meter hohe Lichtspalierzeile, so die Stadt Gelsenkirchen, wird mit über 8000 Glühbirnen in den Farben Blau, Grün und Weiß ausgeleuchtet. Das Licht-Festival ist als flächendeckende Inszenierung von Lichtlandschaften, bizarren Nebelfeldern und Laser-Animationen mit Musik und Kunst gedacht. (dpa)

Neue Ruhr Zeitung 17.06.2002

Licht-Kunstfestival in Gelsenkirchen vom 12. bis 15. Juli 2002

Lichtspalier in der Innenstadt als begehbares Kunstwerk

40 Meter lang/10 Meter hoch

Über 8000 Glühbirnen in Blau, Grün, Weiß

Flächendeckende Aktionen wie Nebelfelder, Laser, Musik, Kunst

b) Formulieren Sie daraus einen leicht verständlichen Text in kurzen Sätzen, den Sie in Ihrer Klasse vortragen können.

Individuelle Lösung

c) Schreiben Sie für den freien Vortrag Ihres Textes Stichworte auf Karteikarten und üben Sie, den Text frei zu sprechen.

Individuelle Lösung

3

a) Ergänzen Sie die Mindmap.

Individuelle Lösung

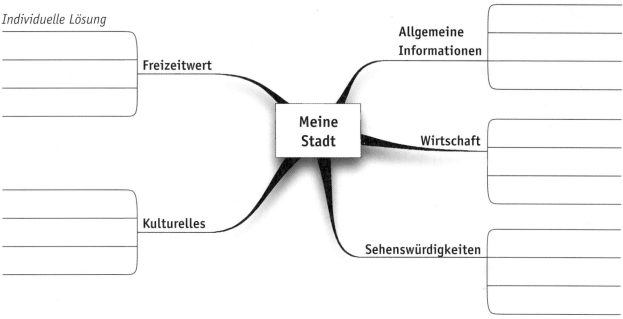

b) Stellen Sie Ihre Stadt mithilfe dieser Mindmap vor.

4 Formulieren Sie aus dem folgenden Text einen für Ihre Mitschüler/innen leicht verständlichen Vortrag.

Licht ist Farbe. Das bunte Schillern eines Ölflecks auf nasser Straße, der Regenbogen mit seinen Spektralfarben, dies alles entsteht durch Licht. Physikalisch ist Licht Energie in Form von elektromagnetischen Wellen. Wenn diese auf eine Oberfläche fallen, werden sie je nach Oberflächenfarbe selektiert zurückgeworfen. Die Lichtwellen unterscheiden sich zum Beispiel von der Mikrowelle durch die Wellenlänge, gehören aber ebenso wie die Radio- und Fernsehwellen zum elektromagnetischen Spektrum. Alle haben ähnliche physikalische Eigenschaften.

Individuelle Lösung

5 Situation

Für eine Power-Point-Präsentation zum Thema Baumwolle haben Sie Material für die Texte auf den Folien gesammelt. Bei Ihrem Vortrag sollen Sie sechs der folgenden Folien einsetzen.

A Die Baumwolle (Titelfolie mit Bild und Überschrift)
B Die Herkunft der Baumwollfaser
C Die Hauptanbauländer
D Die gentechnisch veränderte Baumwolle
E Die Geschichte des Baumwollanbaus
F Die Bedeutung als Textilrohstoff
G Der Aufbau der Faser
H Die Ernte der Baumwolle
I Die Baumwolle an den Warenbörsen
J Die Handelssorten
K Die Anpflanzung
L Baumwolle und Umwelt
M Merkmale und Eigenschaften von Baumwolle
N Die chemischen Bestandteile von Baumwolle

Notieren Sie die Buchstaben der Folien, die Sie vor dem jeweiligen Publikum einsetzen würden.

1 Polsterinnen/Polsterern
Möglichkeit: A, B, F, G, M, N

2 Kaufleuten
Möglichkeit: A, C, F, I, J, M

3 Textilreinigerinnen/Textilreinigern
Möglichkeit: A, B, F, H, M, N

4 Landwirtinnen/Landwirten
Möglichkeit: A, D, G, H, J, K

6 Schreiben Sie zu diesen Redebeiträgen je einen Text für eine Folie, sodass diese in drei Sekunden gelesen werden kann und das Wichtigste des Redebeitrags enthält.

A Die Herkunft der Baumwollfaser

An den Samenkörnern der Baumwollpflanze wachsen 1200 bis 1700 Samenhaare. Sie bilden eine Schutzmasse für die Samenkörner, dienen aber auch dazu, dass die Körner nach der Reife vom Wind fortgetragen werden.
Die Kapselfrüchte der Pflanze platzen nach der Reife auf und die weißen bis gelblichen, in manchen Anbaugebieten auch bräunlichen Fasern können geerntet und später zu Baumwollgarn versponnen werden.
Die verspinnbaren Samenhaare sind bis zu 5 cm lang. Die nur wenige Millimeter langen Haare, die so genannten Linters, sind nicht verspinnbar und werden zur Herstellung von Watte, Zellstoff, Papier usw. verwendet.

Möglichkeit:

Die Herkunft der Baumwollfaser

Die Samenhaare (bis zu 5 cm lang)

der reifen Samenkörner des Baumwollstrauchs

werden versponnen.

B Baumwolle und Umwelt

10% der weltweit eingesetzten Mengen an Pflanzenschutzmitteln entfielen 1994 auf den Anbau von Baumwolle. Insektizide machen dabei 66% aus, Herbizide 19%, Fungizide 3%, Mittel, die die Maschinenernte erleichtern, 12%. Der Verzicht auf Pflanzenschutz führt bei den intensiv angebauten Reinkulturen zu hohen Ertragsverlusten. Um den Ertrag zu sichern und auf Pflanzenschutzmittel verzichten zu können, wurden und werden gentechnische Veränderungen der Baumwollpflanze mit unterschiedlich hohen Erfolgsraten durchgeführt. Je nach Eingriff konnte der Ertrag verbessert, die Qualität erhöht und der Einsatz von chemischen Pflanzenschutzmitteln verringert werden.

Möglichkeit:

Baumwolle und Umwelt

10% aller Pflanzenschutzmittel

werden beim Baumwollanbau eingesetzt.

Versuche mit gentechnisch veränderten Baumwollpflanzen sind unterschiedlich erfolgreich.

7 Formulieren Sie diese Texte jeweils stichwortartig und übersichtlich für eine Folie und notieren Sie eine Überschrift.

A Die Baumwollpflanze gehört zu der Gattung der Malvengewächse. Obwohl sie eine mehrjährige Pflanze ist, wird sie jährlich ausgesät, um die Qualität und den Ertrag zu erhöhen, aber auch um etwa gleich hohe Pflanzen bei der Ernte zu haben. Die Baumwollpflanze ist etwa 2 m hoch, kann aber bis zu 6 m hoch werden. Die Kapselfrüchte reifen nicht gleichzeitig, sodass eine mehrmalige Ernte erforderlich ist. Baumwolle ist die Faser, die an den Samenkörnern wächst.

Möglichkeit:

Die Baumwollpflanze

- *Malvengattung*
- *mehrjährige Pflanze, meist aber jährliche Aussaat*
- *in der Regel 2 m hoch*
- *unterschiedliche Reifezeit der Kapselfrüchte*
- *Baumwollfasern an den Samenkörnern*

B Baumwolle ist der bedeutendste Textilrohstoff der Welt. Vor rund 100 Jahren bestanden 80 % der weltweit hergestellten Textilien aus Baumwollfasern. Bis 1997 hat sich seitdem die Produktion von Baumwolle fast verfünffacht, sie macht heute annähernd 50 % der weltweiten Faserproduktion aus.

Möglichkeit:

Die Bedeutung der Baumwollfaser

- *bedeutendster Textilrohstoff*
- *fast 50 % aller produzierten Fasern aus Baumwolle*

C Die Baumwollpflanze wächst in tropischen bis subtropischen Gebieten der Erde (Baumwollgürtel). Hauptanbauländer sind die USA, Russland, China, Indien, Brasilien, Pakistan, Mexiko, Ägypten, Türkei und Argentinien.

Möglichkeit:

Die Hauptanbaugebiete der Baumwollpflanze

USA, Russland, China, Indien, Brasilien, Pakistan, Mexiko, Ägypten, Türkei und Argentinien.

D Die ältesten Reste von Baumwollgewebe wurden in Indien gefunden und auf das Jahr 3000 v. Chr. datiert. Von dort aus gelangte die Baumwolle nach China. Man vermutet, dass zur gleichen Zeit die Inkas in Mittelamerika Baumwolle anbauten. Im 8. bis 10. Jahrhundert brachten die Araber die Baumwolle nach Nordafrika, Sizilien und Südspanien. In Nordamerika ist mit dem Anbau erst im 17. Jahrhundert begonnen worden. Mit der industriellen Revolution wurde die Verarbeitung von Baumwolle zur Weltindustrie.

Möglichkeit:

Die Geschichte des Baumwollanbaus

- *3000 v. Chr. in Indien, danach in China*
- *3000 v. Chr. in Mittelamerika (Inkas)*
- *8. bis 10. Jahrhundert in Nordafrika und Südeuropa (Araber)*
- *17. Jahrhundert in Nordamerika*
- *19. Jahrhundert Weltindustrie*

Extrablatt

8 Erstellen Sie eine Gliederung zum Thema Baumwolle für eine Power-Point-Präsentation mit sechs Folien vor Ihrer Klasse.

Individuelle Lösung

MIT KUNDINNEN UND KUNDEN UMGEHEN

Mit Kundinnen und Kunden umgehen

Kontaktphase
- Freundlich begrüßen
- Kundenwunsch erfragen
- Lösung in Aussicht stellen

Analysephase
- Genaue Vorstellungen ermitteln
- Kundenwunsch bestätigen lassen

Angebotsphase
- Bedarfsgerechtes Angebot unterbreiten
- Persönlichen Nutzen für die Kundin/den Kunden aufzeigen
- Beispiele zur Veranschaulichung anbieten
- Evtl. Verkaufshilfen (Prospekte usw.) einsetzen

Prüfungsphase
- Zustimmung der Kundin/des Kunden einholen
- Einwände klären
- Andere Möglichkeiten benennen

Abschlussphase
- Kundenentscheidung bestärken
- Dank aussprechen
- Freundlich verabschieden

Sprache
- Gut verständlich
- Klar strukturierte Sätze

1 a) Bringen Sie die folgenden Fragen der Restaurantfachfrau Beate Lutz in die richtige Reihenfolge.

[2] Darf ich Ihnen vielleicht schon einen Aperitif bringen?
Analysephase

[3] Unser Küchenchef empfiehlt heute den Lammrücken mit Prinzessbohnen. Wir haben aber auch frischen Fisch im Angebot. Wenn Sie wünschen, servieren wir für die Kinder alle Gerichte auch als kleinere Portionen. Aber schauen Sie sich zunächst in aller Ruhe die Speisekarte an. Darf ich Ihnen schon etwas zu trinken bringen?
Angebotsphase

[4] Möchten Sie zu dem Steak eine Ofenkartoffel oder lieber Pommes frites?
Prüfungsphase

[6] Vielen Dank für Ihren Besuch und kommen Sie bald wieder. Auf Wiedersehen und für Sie noch einen schönen Tag.
Abschlussphase

[1] Guten Tag. Sie möchten einen Tisch für sechs Personen?
Kontaktphase

[5] Wünschen Sie eine gemeinsame Rechnung?
Abschlussphase

b) Benennen Sie die jeweilige Phase des Gesprächs (siehe Randspalte).

2 Entscheiden Sie, was die Verkäuferin/der Verkäufer beabsichtigt. Tragen Sie die jeweils passende Ziffer in das Kästchen ein.

1 Auskünfte erhalten

2 Sich mit den Überlegungen der Kundin/des Kunden auseinander setzen

3 Eine harmonische Atmosphäre schaffen

4 Eine Entscheidung auslösen

A ⟨3⟩ Dieses Dunkelblau bringt mehr Farbe und ist zu dem Einheitsgrau mal eine Abwechslung. Zudem passt es besser zu Ihrem Teint und nimmt Ihre Augenfarbe sehr gut auf.

B ⟨1⟩ Haben Sie schon eine Vorstellung, was für einen Anzug Sie wünschen?

C ⟨4⟩ Dieser Anzug ist aus unserem Aktionsprogramm, das heißt, Sie können sich noch eine zweite Hose aussuchen und erhalten 30% Preisnachlass bei der Hose. So haben Sie gegenüber den anderen Anzügen ein supergünstiges Angebot.

D ⟨2⟩ Wenn Sie einen Anzug für festliche Anlässe suchen, empfehle ich Ihnen den in Mitternachtsblau. Mit einem farbigen Hemd und einer passenden Krawatte sind Sie auch im Büro richtig angezogen.

E ⟨4⟩ Dieser Anzug ist aus einem edlen Schurwollgemisch, das nicht knittert. Er ist wesentlich pflegeleichter als dieser hier aus Leinen und auch im Sommer angenehmer zu tragen.

F ⟨1⟩ In welcher Größe darf ich Ihnen den Anzug bringen?

3 Ergänzen Sie die Antworten auf den Kundeneinwand „Das ist mir zu teuer". Verwenden Sie dazu die Stichwörter in Klammern.

Möglichkeit:

Ja-aber-Technik
Der Dekorationsstoff ist zwar nicht ganz billig, dafür aber (Kollektion) _aus der topaktuellen Kollektion._

Vorgreiftechnik
Sie (einwenden) _werden sicherlich einwenden_, dass dieser Stoff in der oberen Preisklasse liegt, dafür ist er aber besonders lichtecht, sodass Sie lange Ihre Freude daran haben werden.

Plus-minus-Technik
Der Stoff ist sicherlich teuer. Dafür ist er (Qualität) _von hoher Qualität_ und länger haltbar als ein Stoff der unteren Preisgruppe.

Interviewtechnik
Wie viel möchten Sie denn für die neue Fensterdekoration ausgeben? (Preislimit) _Haben Sie ein Preislimit?_

Vertagungstechnik
Natürlich (Preis) _ist auch der Preis entscheidend_, aber wenn Sie die Stoffe der verschiedenen Preisgruppen vergleichen, werden Ihnen auch die Qualitätsunterschiede auffallen.

Grammatik

4 Setzen Sie die Relativpronomen (bezügliche Fürwörter) „der", „die" oder „das" in der richtigen Form ein. Beachten Sie, dass das Relativpronomen sich nach dem Substantiv (Hauptwort) richtet, auf das es sich bezieht.

A Ich habe den Eindruck, dass Ihnen das Muster des Stoffes, _den_ Sie gewählt haben, nicht mehr gefällt.

B Sie können das Geschenk bei der Verkäuferin, _die_ hinter der Kasse steht, umtauschen.

C Der Schnitt des Kleides, _das_ ich gestern im Schaufenster gesehen habe, passt gut zu deiner Figur.

D Die Farbe des Anzuges, _den_ Sie gewählt haben, steht Ihnen wirklich gut.

E Sie sollten sich direkt bei dem Kellner, _der_ Sie bedient hat, beschweren.

F Sowohl in dem Café als auch in dem Restaurant, _die_ mir meine Freundin empfohlen hat, isst man wirklich gut.

G Es freut mich, dass Ihnen der Lammrücken, _den_ ich Ihnen empfohlen habe, so gut geschmeckt hat.

H Das Tellergericht mit Röstkartoffeln und Wurstsalat, _das_ Sie gewählt haben, ist leider aus.

MIT KUNDINNEN UND KUNDEN UMGEHEN

5
Formulieren Sie die Fragen der Verkäuferin/des Verkäufers so, dass Sie als Antworten nicht nur ein Ja oder ein Nein erhalten, sondern genauere Informationen über die Wünsche der Kundin/des Kunden.

Möglichkeit:

A Gefällt Ihnen dieses Kostüm?
Welche Art von Kostüm haben Sie sich vorgestellt?

B Wünschen Sie ein feines Kleid für einen festlichen Anlass?
Für welchen Anlass wünschen Sie ein Kleid?

C Möchten Sie ein edles Bad in Marmor?
Sollte Ihr Bad eher edel oder modern in frischen Farben sein?

D Gefällt Ihnen dieser Farbton?
Welche Farben kommen für Sie infrage?

E Möchten Sie bar bezahlen?
Wie möchten Sie bezahlen?

F Holen Sie das Auto heute aus der Werkstatt ab?
Wann möchten Sie das Auto abholen?

6
Entscheiden Sie, mit welchen Äußerungen die Verkäuferin/der Verkäufer am besten auf die Kundin/den Kunden eingeht.

A ☐ 1 Dieses Blau ist jetzt topaktuell.
☒ 2 Dieses Blau passt auch gut zu der Hose, die Sie jetzt tragen.

B ☐ 1 Das Auto wird Ihrer Frau auch gefallen.
☒ 2 Sie können das in aller Ruhe mit Ihrer Frau besprechen.

C ☒ 1 Ich habe den Eindruck, dass diese klare Linienführung Ihrem Typ entspricht.
☐ 2 Sie haben einen guten Geschmack. Das gefällt mir auch.

D ☒ 1 Dieses Gerät ist zwar preiswerter, aber das Unternehmen hat keinen eigenen Reparaturservice.
☐ 2 Das ist doch billiger Kram.

7
Situation

Herr Caspers betritt die Sanitärausstellung „Rund ums Bad". Die Kundenberaterin, Frau Meiser, begrüßt ihn freundlich und fragt nach seinen Wünschen. Herr Caspers äußert spontan eine Vielzahl von Einzelwünschen. Frau Meiser hört aufmerksam zu und berät ihn.

a) Bringen Sie die folgenden Teile des Beratungsgesprächs in die richtige Reihenfolge.

4 M: Um wie viele Badezimmer handelt es sich denn?

1 C: Guten Tag.

8 M: Sollen WC und Waschbecken farblich zu den Fliesen passen oder wünschen Sie beides in Weiß?

11 C: Da wünscht sich meine Frau einen größeren Einbauschrank für Handtücher und all den Kleinkram, den man im Bad so braucht. Der Schrank sollte also viele Schubladen haben. Außerdem hätte meine Frau gerne einen integrierten Wäschekorb und einen schönen Spiegel.

2 M: Guten Tag, kann ich Sie beraten oder wollen Sie sich zunächst einmal umschauen?

5 C: Wir haben in unserem Reihenhaus im Erdgeschoss ein Gäste-WC, im ersten Stock ein Badezimmer und im Dachgeschoss eine Nasszelle mit Dusche und WC. Ich habe hier auch einen Plan mitgebracht.

10 M: Ja, da kann ich Ihnen einiges mitgeben. Und was wollen Sie in Ihrem Badezimmer verändern?

7 C: Das Gäste-WC müsste neu gefliest werden, dazu käme noch ein neues WC und ein neues Waschbecken. Ach, und ein Spiegel und ein Handtuchhalter.

MIT KUNDINNEN UND KUNDEN UMGEHEN

| 12 | **M:** Bei der Größe des Badezimmers lässt sich da auf jeden Fall eine praktikable Lösung finden. Ich zeige Ihnen nebenan mal ein eingerichtetes Musterbad.

| 3 | **C:** Ich möchte in meinem Haus die Badezimmer modernisieren und mir hier gerne das Neueste zeigen lassen.

| 14 | **M:** Das ist wahr, aber da kann ich Ihnen nebenan einige sehr schöne Trennwände zeigen.

| 9 | **C:** Das würde vermutlich noch schöner aussehen, aber das muss ich zunächst mit meiner Frau besprechen. Sie haben ja sicher Prospektmaterial mit Farbmustern?

| 6 | **M:** Das ist sehr hilfreich, so kann ich mir gleich ein Bild von den Räumlichkeiten machen. An welche Veränderungen denken Sie denn im Einzelnen?

| 13 | **C:** Ja, dann kann ich mir eine genauere Vorstellung machen. Kann ich mir dort auch Duschtrennwände anschauen, bis jetzt haben wir im Dachgeschoss nämlich nur einen Vorhang an der Dusche und das ist auf Dauer nicht so praktisch und hygienisch.

b) Schreiben Sie das Gespräch auf und fügen Sie an geeigneten Stellen diese Signale des „aktiven Zuhörens" ein.

lächelt freundlich – nickt zustimmend – schaut interessiert – nickt und macht sich eine Notiz – schaut fragend – fragt noch mal nach

Individuelle Lösung

WERBEN

Das Wappen von Stuttgart-Vaihingen

In Vaihingen

Das Stadtwappen von Stuttgart-Vaihingen. Irgendwie unvollständig. Wie Vaihingen selbst. Denn in der Stadtmitte, wo das Herz Vaihingens pulsieren müsste, steht seit über 100 Jahren ein riesiges Brauereiareal. Grau, unübersichtlich, unschön.

geht's jetzt rund

Doch die Zeiten ändern sich. Und zwar ab heute. Heute beginnen wir, die Geschichte Vaihingens fortzuschreiben. Mit dem Abriss der alten Brauereianlagen. An ihrer Stelle entsteht, was Vaihingen noch nie hatte. Ein Zentrum, in dem sich alles um Begegnung und Kommunikation, um Flanieren und Einkaufen, um Essen und Trinken dreht: die SchwabenGalerie. Noch stehen wir am Anfang. Aber schon bald können Sie zusehen, wie sie wächst. Stein für Stein, Gebäude für Gebäude – Vaihingens neue goldene Mitte.

G SchwabenGalerie

Heizraum Werbeagentur GmbH, Stuttgart

1 Ergänzen Sie den Lückentext mit den folgenden Wörtern.

komplizierten, Stadtentwicklung, Stadt Vaihingen, Stadtzentrum, Symbol, unternehmen, unvollständigen, vollständigen, Wappen, Wirkung

Bei der abgebildeten Anzeige geht es um Werbung für ein neues _Stadtzentrum_. Der Auftraggeber ist die _Stadt Vaihingen_ _____. Mit der Abbildung des Stadtwappens ist es gelungen, einen _komplizierten_ Sachverhalt, nämlich die _Stadtentwicklung_ _____, mit einem einfachen _Symbol_, dem _Wappen_, zum Ausdruck zu bringen. Das vollständige Wappen steht im Kontrast zum _unvollständigen_ Wappen. Unterstrichen wird die _Wirkung_ _____ der Anzeige durch den Text. In dem Text unter dem schönen, _vollständigen_ Wappen steht, was die Besucherinnen und Besucher in Zukunft alles in dem neuen Stadtzentrum _unternehmen_ _____ können.

2 Beschreiben Sie in wenigen Worten, welchen Eindruck Sie von dieser Anzeige haben. *Individuelle Lösung*

_____

_____

_____

Werben

Vorarbeit
✗ Den ersten Eindruck der Anzeige wiedergeben

Aufbau
Folgende Punkte untersuchen:

✗ Wo ist die Anzeige erschienen? (Quelle)

✗ Wer soll mit der Anzeige angesprochen werden? (Zielgruppe)

✗ Welche Eindrücke vermittelt das Bild? (Bildaussage)

✗ Welche Farben werden überwiegend verwendet?

✗ Welche Zeichen und Symbole werden benutzt?

✗ Welche Informationen stecken in dem Text?

✗ Welches „Bild" von dem Unternehmen (Image) wird vermittelt?

Zeitform
✗ Präsens (Gegenwart)

Sprache
✗ Sachlich

3 a) Kreuzen Sie an, wo diese Anzeige erscheinen könnte.

- [ ] Jugendzeitschrift
- [ ] Zeitschrift des Hotel- und Gaststättengewerbes
- [x] Tageszeitung

b) Kreuzen Sie an, für welche Zielgruppe diese Anzeige gedacht ist.

- [x] Bürger/innen aus Vaihingen
- [ ] Wappenkundler
- [ ] Geschäftsleute

4 Ergänzen Sie die folgende Tabelle. *Möglichkeit:*

	Vaihinger Wappen jetzt	**Vaihinger Wappen in Zukunft**
Bildaussage	Das Wappen der Stadt ist unvollständig und beschädigt – so wie das Stadtbild.	*Das Wappen der Stadt ist vollständig. Es zeigt ein Steuerrad – die Stadt ist auf dem richtigen Kurs.*
Farben	*Das Steuerrad ist in der Farbe Blau, die Umrandungen sind dunkelblau, das Steuer steht auf hellem Untergrund.*	*Siehe Lösung in der Spalte links*
Zeichen und Symbole	*Das Schild, auf dem das Steuerrad platziert ist, steht für die Stadt in ihrer Gesamtheit. Das beschädigte Steuerrad im Zentrum zeigt, dass der Stadtkern noch unvollständig ist.*	Das Schild steht für die Stadt in ihrer Gesamtheit. Das vollständige Steuerrad symbolisiert die Entwicklung des Stadtkerns. Der Stadtkern heißt „SchwabenGalerie". Das große „G" in dem Namen taucht im Logo (Erkennungszeichen) wieder auf.
Im Text enthaltene Informationen	*In der Stadtmitte von Vaihingen steht ein unschönes, über 100 Jahre altes Brauereiareal. So wirkt Vaihingen unvollständig wie das Stadtwappen.*	Ab heute werden die Brauereianlagen abgerissen. Es entsteht ein moderner, lebendiger Stadtmittelpunkt.
Welches „Bild" von Vaihingen wird vermittelt?	Vaihingen ist grau, kaputt, nicht lebendig und für Menschen unattraktiv.	*Vaihingen wird modern, die Schwaben-Galerie im Zentrum soll für die Menschen ein interessanter Anziehungspunkt werden.*

Extrablatt

5 Denken Sie sich eine ähnliche Werbeanzeige für Ihren Heimatort aus.

a) Überlegen Sie, welche Änderung Sie für Ihren Heimatort wünschen.

b) Denken Sie sich ein Symbol, ein Wappen oder ein Zeichen für die Änderung aus.

c) Schreiben Sie einen Werbetext zu Ihrem Heimatort. *Individuelle Lösung*

TELEFONIEREN

1 Situation

Frau Karst von der Stadtverwaltung Stuttgart erhält einen Anruf von Herrn Ott. Er überlegt sich, ob er nicht beim großen Flohmarkt am nächsten Samstag (20.04.) auf dem Wulleplatz einen Stand betreiben soll.

Stichwortzettel
Was? *Großer Flohmarkt*
Wann? *Samstag (20.04.)*
Wo? *Wulleplatz*
Standplätze?
Größe, Zuteilung, Kosten

a) Füllen Sie den Stichwortzettel aus.

b) Bringen Sie das Telefongespräch in die richtige Reihenfolge.

4	**O:** Ich hätte gerne nähere Informationen zum Flohmarkt am nächsten Samstag auf dem Wulleplatz.
3	**K:** Guten Tag, Herr Ott, was kann ich für Sie tun?
10	**O:** Aha, und was kostet der Spaß?
1	**K:** Stadtverwaltung, Karst, guten Tag.
6	**O:** Ja, genau den.
5	**K:** Sie meinen den großen Flohmarkt am 20.04.?
2	**O:** Guten Tag, Frau Karst, hier ist Ott am Apparat.
7	**K:** Was genau möchten Sie denn wissen?
12	**O:** Und wo bekommt man die Plätze zugewiesen?
9	**K:** Die Standplätze werden je nach Länge der Schaufläche vergeben. Es gibt Standlängen von zwei, vier und sechs Metern.
8	**O:** Wie groß sind denn die Stände?
11	**K:** Die Standgebühren betragen 7 € pro Meter.
14	**O:** Ja, und wie finde ich dann meinen Standplatz?
13	**K:** Die Plätze werden am Freitag, also am 19.04., um 17 Uhr im Rathaus ausgelost. Wir machen das so, um möglichst gerecht zu sein.
16	**O:** Sind denn die Plätze nummeriert?
15	**K:** Wenn Sie die Miete für Ihren Standplatz bezahlt haben, bekommen Sie eine Buchstaben-Zahlen-Kombination. Diese führt zu Ihrem Standplatz. Den Stand können Sie allerdings erst am Samstag ab 6 Uhr einrichten.
18	**O:** Das ist ja alles wunderbar organisiert.
17	**K:** Unser Herr Klein schreibt am Freitag mit Kreide die Standnummern auf den Asphalt.
22	**O:** Ich glaube, damit ist alles geklärt, danke schön, Frau Karst, auf Wiederhören.
19	**K:** Wir haben aus den Streitereien um den besten Platz unsere Lehren gezogen. Vor allem soll der Flohmarkt für private Kleinhändler offen sein und nicht für professionelle Händler, die dann hohe Preise verlangen.
21	**K:** Haben Sie sonst noch eine Frage?
20	**O:** Das finde ich eine tolle Idee von der Stadt.
23	**K:** Auf Wiederhören, Herr Ott, und viel Erfolg auf dem Flohmarkt.

Telefonieren

Vorarbeit
× Stichwortzettel schreiben

Aufbau
× Sich begrüßen und sich vorstellen
× Anlass des Telefonats nennen
× Sachverhalte klären
× Vereinbarungen treffen
× Sich verabschieden

Telefonnotiz schreiben

Sprache
× Höflich, verständlich

c) Schreiben Sie eine Telefonnotiz. Erfinden Sie fehlende Angaben.

Telefonnotiz

Gespräch mit *Frau Karst, Stadtverwaltung Stuttgart*

Datum:

Uhrzeit:

Betreff: *Flohmarkt auf dem Wulleplatz*

Ergebnis:

Standgröße: *2, 4 oder 6 Meter*

Kosten: *7 € pro Meter*

Zuteilung: *Auslosung am 19.04.*

Rechtschreibung

2 Notieren Sie die Merksätze in normaler Schreibweise. Schreiben Sie die Substantive (Hauptwörter) und die Anredepronomen (Anredefürwörter) Sie, Ihre, Ihrem, Ihren und Ihres groß.

Schreibensievorwichtigentelefonateneinenstichwortzettel.Stellensiesichmitihrennamenvorundbegrüßen sieihregesprächspartnerinoderihrengesprächspartner. Nennensiedenanlassihresanrufs.Klärensieallesachverhalteundtreffensieklarevereinbarungen.Verabschieden siesichhöflichundhaltensiedanachineinergesprächsnotizdieergebnissefest.

Schreiben Sie vor wichtigen Telefonaten einen Stichwortzettel. Stellen Sie sich mit Ihrem Namen vor und begrüßen Sie Ihre Gesprächspartnerin oder Ihren Gesprächspartner. Nennen Sie den Anlass Ihres Anrufs. Klären Sie alle Sachverhalte und treffen Sie klare Vereinbarungen. Verabschieden Sie sich höflich und halten Sie danach in einer Gesprächsnotiz die Ergebnisse fest.

---

3 Formulieren Sie das Telefongespräch zwischen Frau Busch und Marcello Maldini. Verwenden Sie dabei die angegebenen Wörter.

am, Apparat, auch, auf, Augenblick, Berufsschule, besorgen, bis, fragen, gleich, guten, haben, heute (2x), hole, kann, Karten (2x), Leid, meine, meinen, muss, nachschauen, nett, sind, später, sprechen, spricht, tun, vielen, vielleicht, Wiederhören, wollte

B: Plattencenter, Busch _am Apparat_, was _kann_ ich für Sie _tun_?

M: _Guten_ Tag, hier _spricht_ Marcello Maldini, kann ich bitte den Dominik _sprechen_?

B: Das tut mir _Leid_, der ist _heute_ in der _Berufsschule_. Kann ich Ihnen _vielleicht_ _auch_ helfen?

M: Dominik _wollte_ mir Karten für das Konzert der Gruppe „Easy" _besorgen_ und jetzt wollte ich _fragen_, ob sie schon da _sind_.

B: Sie _meinen_ sicher die verbilligten _Karten_?

M: Ja, die _meine_ ich.

B: _Augenblick_ bitte, da _muss_ ich erst mal _nachschauen_.

M: Das wäre sehr _nett_, _vielen_ Dank.

B: Sie _haben_ Glück, die _Karten_ sind da.

M: Dann komme ich _gleich heute_ vorbei und _hole_ sie ab.

B: Gut, _bis später_ dann, Herr Maldini.

M: Bis später, _auf Wiederhören_, Frau Busch.

GESCHÄFTLICHE SCHREIBEN VERFASSEN

1 a) Ordnen Sie die folgenden Textteile sinnvoll.

b) Schreiben Sie Ihre Absenderanschrift mit Telefonnummer und E-Mail-Adresse und das Datum in den Vordruck auf Seite 63.

c) Vervollständigen Sie den Brief auf Seite 63 mit den Textteilen.

| 9 | Wir freuen uns, wenn Sie unsere Idee in die Tat umsetzen, und sind gespannt auf Ihre Antwort. |

| 3 | Sehr geehrte Damen und Herren, |

| 5 | Unsere Idee ist, dass jedes Mitglied einer Gruppe von mindestens 12 Jugendlichen von Ihrem Ministerium eine Prämie von 200 € erhält, wenn alle Gruppenmitglieder zwei Jahre lang keine Zigarette rauchen. |

| 2 | Aktion gegen das Rauchen |

| 11 | Anlage
Namenliste unserer Klasse, die an dem Projekt teilnehmen würde |

| 4 | nach einer Diskussion über die Schädlichkeit des Rauchens hat sich unsere Klasse entschlossen, gegen den steigenden Nikotinkonsum bei Jugendlichen etwas zu tun. Neben anderen Aktivitäten wenden wir uns auch an Sie mit der Bitte, unsere Vorschläge bundesweit umzusetzen. |

| 1 | Bundesministerium für Gesundheit
Mohrenstr. 62

10117 Berlin |

| 7 | Das Vorhaben muss vor Beginn bei Ihnen angemeldet werden. |

| 10 | Mit freundlichen Grüßen |

| 6 | Alternativ könnte auch eine Reise für die gesamte Gruppe als Preis ausgeschrieben werden. |

| 8 | Ab und zu sollten Sie dann mit einer Urinprobe die Einhaltung der Verpflichtung prüfen. Raucht ein Mitglied während der zwei Jahre eine Zigarette, verfällt die Prämie für alle. |

Geschäftliche Schreiben verfassen

Vorarbeit
✗ Herausfinden, an wen man sich am besten wendet, um sein Ziel zu erreichen

Aufbau
Absenderangabe   Datum

Anschrift   (Platz für
des Empfängers   Eingangsstempel)

Falls Ansprechpartner/in bekannt, nach dem Namen des Unternehmens Frau/Herrn + Name einsetzen

Betreff (knapp, aber genau formulieren, worum es geht)

Sich eventuell auf schon vorangegangene Schreiben beziehen

Anrede (Namen einsetzen, falls in der Anschrift genannt)

In Abschnitte gegliedert:
✗ Bestehende Situation schildern (dabei möglichst schon im ersten Abschnitt Adressaten persönlich ansprechen)
✗ Folgen/Nachteile nennen
✗ Mit Beispielen verdeutlichen
✗ Forderungen stellen/ Wünsche nennen
✗ Eigene Vorschläge machen
✗ Hoffnung ausdrücken, dass das Anliegen erfüllt wird

Grußformel
Unterschrift
Anlage(n)

Sprache
✗ Höflich, ungekünstelt

✗ Klare und genaue Ausdrucksweise

Anschrift des Absenders	_____ _____ Datum
	_____
	_____
	_____
Anschrift des Empfängers	*Bundesministerium für Gesundheit*
	Mohrenstr. 62
	10117 Berlin
Betreff	*Aktion gegen das Rauchen*
Anrede	*Sehr geehrte Damen und Herren,*

nach einer Diskussion über die Schädlichkeit des Rauchens hat sich unsere Klasse entschlossen, gegen den steigenden Nikotinkonsum bei Jugendlichen etwas zu tun. Neben anderen Aktivitäten wenden wir uns auch an Sie mit der Bitte, unsere Vorschläge bundesweit umzusetzen.

Unsere Idee ist, dass jedes Mitglied einer Gruppe von mindestens 12 Jugendlichen von Ihrem Ministerium eine Prämie von 200 € erhält, wenn alle Gruppenmitglieder zwei Jahre lang keine Zigarette rauchen. Alternativ könnte auch eine Reise für die gesamte Gruppe als Preis ausgeschrieben werden.

Das Vorhaben muss vor Beginn bei Ihnen angemeldet werden. Ab und zu sollten Sie dann mit einer Urinprobe die Einhaltung der Verpflichtung prüfen. Raucht ein Mitglied während der zwei Jahre eine Zigarette, verfällt die Prämie für alle.

Wir freuen uns, wenn Sie unsere Idee in die Tat umsetzen, und sind gespannt auf Ihre Antwort.

Mit freundlichen Grüßen

Anlage
Namensliste unserer Klasse, die an dem Projekt teilnehmen würde

GESCHÄFTLICHE SCHREIBEN VERFASSEN

2 Situation

Sie schreiben auf die folgende Anzeige.

1-Zi.-Wohnung in Lehen
38 m², ruhig, separater Eingang, an jungen Nichtraucher zu vermieten. Auf Wunsch Teilmöblierung möglich. Zuschriften unter Chiffre 907 345 an das Tagblatt.
Freiburger Tagblatt, 14.09.2002

a) Entscheiden Sie, welche Empfängeranschrift richtig ist.

A ☐ Vermieter
im Freiburger Tagblatt
Postfach 79 44

79117 Freiburg

B ☐ Freiburger Tagblatt
Wohnungsanzeige

Freiburg

C ☒ Freiburger Tagblatt
Chiffre 907 345
Postfach 79 44

79117 Freiburg

b) Unterstreichen Sie die Betreffzeile, die am genauesten formuliert ist.

A Vermietung

B <u>Interesse an der Anmietung Ihrer 1-Zi.-Wohnung</u>

C Ein-Zimmer-Wohnung zu vermieten

D Ich möchte in Ihre Wohnung einziehen

c) Kreuzen Sie die Anrede an, die zu diesem Brief passt.

A ☒ Sehr geehrte Vermieterin,
sehr geehrter Vermieter,

B ☐ Liebe Damen und Herren,

C ☐ Sehr geehrter Herr,

D ☐ Sehr geehrte Vermieter,

3 a) Markieren Sie in dem folgenden Text, was wichtig ist.

Ich habe <mark>Ihre Anzeige</mark> in der Zeitung gelesen und festgestellt, dass diese <mark>Wohnung für mich interessant</mark> ist. Sie vermieten – wie ich der Anzeige entnehme – eine <mark>Ein-Zimmer-Wohnung</mark>. Das ist genau das, was ich suche. Auch die Größe stimmt. Lehen kenne ich zwar nicht, aber ich kann mir diesen Ort ja mal anschauen. Ich möchte <mark>gerne bei Ihnen einziehen</mark>. Sie schreiben aber nicht, <mark>wie viel Miete</mark> für die Wohnung bezahlt werden muss. Das wäre für mich aber wichtig. Denn zu viel kann ich auch nicht zahlen. Vielleicht können Sie die Wohnung auch günstiger vermieten. Nun sollten wir noch ausmachen, <mark>wann</mark> ich die <mark>Wohnung besichtigen</mark> kann. Geht das bei Ihnen am <mark>Samstag? Abends</mark> habe ich auch <mark>unter der Woche</mark> Zeit. Meistens bin ich <mark>ab 17:00 Uhr</mark> zu Hause.

Zu meiner Person ist nur so viel zu sagen: Ich bin <mark>18 Jahre alt</mark>. Im Allgemeinen bin ich ein <mark>ruhiger Typ</mark>. Abends lebe ich meistens zurückgezogen oder gehe mit meinen Kumpels aus. Ich <mark>rauche</mark> auch <mark>nicht</mark>. Und da ich Nichtraucher bin, habe ich es auch nicht so gern, wenn meine Freunde in meinem Zimmer rauchen. Wenn schon <mark>Möbel</mark> in der Wohnung stehen, ist mir das auch recht. Ich lege keinen großen Wert auf viele Möbel. Aber ein Bett und ein Schrank wären schon gut. Von mir aus können auch alle Möbel im Zimmer sein. Die Miete sollte dadurch aber nicht steigen.

Wenn Sie mit mir einen <mark>Termin</mark> ausmachen, können wir uns kennen lernen.

GESCHÄFTLICHE SCHREIBEN VERFASSEN

b) Formulieren Sie aus den wichtigen Wörtern und Textteilen einen zusammenhängenden Text.

Möglichkeit:

Sie bieten zur Miete eine Ein-Zimmer-Wohnung an, die meinen Wünschen entspricht, was die Angaben in Ihrer Anzeige betrifft.

Leider erwähnen Sie nicht den Mietpreis.

Kann ich die Wohnung am nächsten Samstag besichtigen? Unter der Woche habe ich ab etwa 17:00 Uhr Zeit.

Zu meiner Person: Ich bin 18 Jahre alt, ein ruhiger Typ und Nichtraucher. Eine Teilmöblierung käme mir sehr entgegen. Näheres müssten wir im Gespräch klären.

Ich freue mich, wenn Sie mit mir bald einen Besichtigungstermin ausmachen.

Rechtschreibung

4. Setzen Sie die Anredepronomen (Anredefürwörter) „Sie" und „Ihre" in der richtigen Form ein. Schreiben Sie die Anfangsbuchstaben groß.

Ihre Anzeige hat mich sehr angesprochen, denn _Sie_ bieten eine Wohnung an, wie ich sie suche. Leider nennen _Sie_ in _Ihrer_ Annonce keinen Mietpreis. Wenn _Ihre_ Mietpreisvorstellung der meinen entspricht, würde ich _Ihre_ angebotene Wohnung gerne besichtigen. Falls _Sie_ einen Internetanschluss haben, können _Sie_ mir auch kurz mailen.

Zu meiner Person: Ich bin 18 Jahre alt, ledig, Nichtraucher, wie _Sie_ es wünschen. In Ihrer Anzeige bieten _Sie_ auch eine Teilmöblierung an. Dazu würde ich mich erst entschließen, wenn ich die Wohnung gesehen habe.

GESCHÄFTLICHE SCHREIBEN VERFASSEN

Rechtschreibung

5 a) Erweitern Sie die folgenden Ortsnamen durch -er und fügen Sie die Worte Straße oder Platz hinzu. Schreiben Sie die Wörter getrennt und mit großen Anfangsbuchstaben in die Straßenkarte.

Individuelle Lösung

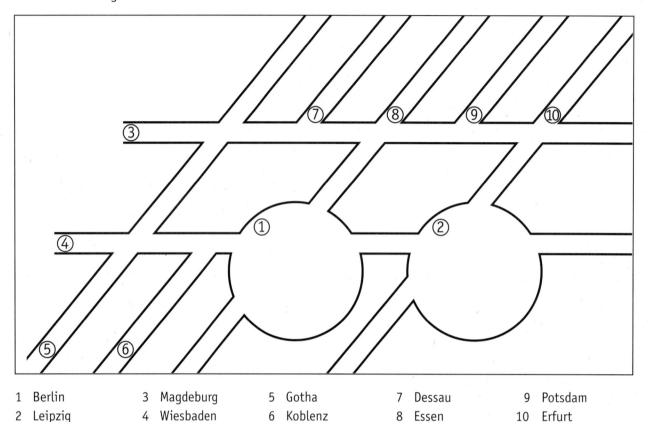

| 1 Berlin | 3 Magdeburg | 5 Gotha | 7 Dessau | 9 Potsdam |
| 2 Leipzig | 4 Wiesbaden | 6 Koblenz | 8 Essen | 10 Erfurt |

b) Formulieren Sie die Regel für diese Rechtschreibung.

Namen von Straßen und Plätzen schreibt man getrennt und mit großen Anfangsbuchstaben, wenn der erste Bestandteil des Namens auf -er von einer Ortsbezeichnung abgeleitet ist.

6 Situation

Zur Feier Ihres 18. Geburtstages hatten Sie im Bürgerhaus einen Saal gemietet. Zu später Stunde ging es ziemlich hoch her und Sie hatten auch nicht mehr alles unter Kontrolle. Am nächsten Tag beschwerte sich Frau Beate Meiser, eine Anwohnerin, telefonisch bei Ihrer Mutter und drohte mit einer Anzeige wegen Ruhestörung und Sachbeschädigung.

Weit nach Mitternacht hätten Jugendliche vor ihrem Haus gegrölt und die Bitte ihres Mannes um Ruhe missachtet. Außerdem hätten sie ständig auf den Boden gespuckt.

In ihrem Garten würden weggeworfene Getränkedosen, Flaschen und Verpackungsmaterial liegen und die Äste ihres Fliederbusches seien mutwillig abgerissen worden.

Am Abend des folgenden Tages treffen Sie sich mit ein paar Freunden und reden über die Beschwerden von Frau Meiser. Dabei fallen folgende Äußerungen:

GESCHÄFTLICHE SCHREIBEN VERFASSEN

> Also bei einem Geburtstag geht es nun mal etwas lauter zu als bei einer Beerdigung.

> Aber wenn die uns tatsächlich anzeigt, werden wir wenig Chancen haben.

> Vielleicht gibt es Richter, die weniger verbohrt sind.

> Und Getränkedosen gab es bei uns gar keine. Dass jemand Flaschen nach draußen nahm, kann ich mir nicht vorstellen.

> Ich weiß gar nicht, wie die darauf kommt, dass wir ihren Flieder ruiniert haben sollen. Die Äste waren schon abgerissen, als ich kurz nach 8 Uhr dort stand.

> Es könnte natürlich schon sein, dass etwas Abfall in ihrem schönen Gärtchen gelandet ist. Der Andy und der Alex haben doch ein paar Chipstüten aufgeblasen und platzen lassen.

> Wir können ja mal hingehen und alles sauber machen.

> Und die Reste unserer Geburtstagsrakete haben wir auch nicht zusammengekehrt.

> Vielleicht sollten wir ihr einen Strauß Blumen vorbeibringen und uns entschuldigen.

> Ich hab aber keine Lust, die Spucke vor ihrer Haustür wegzuputzen.

> Das ist aber auch eklig, ständig auf den Boden zu spucken. Ich möchte da auch nicht reintreten und alles in meine Wohnung tragen.

> Am besten schreiben wir noch einen Brief dazu. Gut formuliert kann der Wunder bewirken.

Extrablatt

Schreiben Sie einen Brief an Frau Meiser, in dem Sie für Verständnis werben, falsche Anschuldigungen zurückweisen und sich für mögliches Fehlverhalten entschuldigen.

Individuelle Lösung

SICH BEWERBEN

1 Streichen Sie in diesem Text die Stellen durch, die nicht in das Bewerbungsanschreiben, sondern in den Lebenslauf gehören.

Sehr geehrte Frau Schorr,

beim Maifest des Handels- und Gewerbevereins erzählte mir einer Ihrer Mitarbeiter, dass Sie dringend einen Maler suchen. Diese Gelegenheit möchte ich nutzen und mich Ihnen vorstellen.

~~Ich bin am 17.05.1984 geboren, ledig und wohne in der Moselstraße 34.~~

~~Im Augenblick befinde ich mich noch in der Ausbildung beim Malermeister Dirk Kaufmann in Weimar.~~ Ich habe alle Tätigkeitsfelder eines Malers kennen gelernt und werde meine Ausbildung am 1. Juli dieses Jahres mit der Gesellenprüfung beenden.

Sie haben einen guten Ruf hier am Ort und ich würde mich freuen, wenn ich bei Ihnen arbeiten könnte, zumal auch mein Bruder bei seinem Praktikum in Ihrem Betrieb von den vielseitigen Arbeitsmöglichkeiten bei Ihnen begeistert war. ~~Ich selbst machte vor vier Jahren ein Praktikum beim Maler Stollberg in Jena.~~

~~Zu meinen Freizeitbeschäftigungen zählt neben dem Fußballspielen auch das Entwerfen von Comicfiguren.~~

2 *Rechtschreibung*

Fügen Sie den Namen die Wörter Straße, Platz, Weg oder Allee hinzu. Besteht der Name aus mehr als einem Wort, verbinden Sie die einzelnen Wörter mit einem Bindestrich und schreiben Straße usw. mit großem Anfangsbuchstaben.

Möglichkeit:

A Luise Rinser — *Luise-Rinser-Platz*
B Schiller — *Schillerstraße*
C Gabriele Wohmann — *Gabriele-Wohmann-Allee*
D Goethe — *Goethestraße*
E Ingeborg Drewitz — *Ingeborg-Drewitz-Weg*
F Belchen — *Belchenstraße*
G Rose Ausländer — *Rose-Ausländer-Allee*
H Johann Wolfgang von Goethe — *Johann-Wolfgang-von-Goethe-Platz*
I Rhön — *Rhönweg*
J Heinrich Böll — *Heinrich-Böll-Straße*
K Pfalz — *Pfalzstraße*
L Walther von der Vogelweide — *Walther-von-der-Vogelweide-Platz*

Ein Bewerbungsanschreiben verfassen

Vorarbeit
Überlegen,
× was von mir verlangt wird
× was ich beherrsche

Erkundigungen einholen,
× über den Betrieb, bei dem ich mich bewerbe
× an wen die Bewerbung zu richten ist

Aufbau
× Briefkopf, Betreff, Anrede schreiben
× Anlass der Bewerbung nennen
× Die besondere Eignung für die angebotene Stelle beschreiben
× Auf die Anforderungen eingehen, die in der Stellenanzeige genannt werden, z. B. tüchtig, aufgeschlossen, teamfähig
× Möglichen Arbeitsbeginn mitteilen
× Um ein Vorstellungsgespräch bitten
× Grußformel
× Unterschrift
× Anlagen

Sprache
× Sachlich

Besonderheiten
× Auf gute äußere Gestaltung achten
× Weißes unliniertes DIN-A4-Papier verwenden
× Bewerbungsunterlagen vor dem Abschicken noch einmal auf Vollständigkeit überprüfen (lassen)

3 Formulieren Sie zu jeder Empfängeranschrift die Anrede.

A Möbelhaus Heinzmann
Frau Carmen Rüters
Webergasse 4
79761 Waldshut-Tiengen

Sehr geehrte Frau Rüters,

B Stuhlfabrik Boll
Herrn Andreas Knauf
Würzburger Allee 124
09130 Chemnitz

Sehr geehrter Herr Knauf,

C Rombach AG
Postfach 29 83
42657 Solingen

Sehr geehrte Damen und Herren,

4 Vervollständigen Sie die folgende Tabelle.

Anforderungen aus der Stellenanzeige	Formulierungen im Bewerbungsanschreiben
A *Möglichkeit:* tüchtig	Die Arbeit hat mir bisher großen Spaß gemacht. Ich denke, ich werde mich auch in Zukunft engagiert in meinem Beruf einsetzen.
B zuverlässig	*Möglichkeit:* Sowohl im privaten wie im beruflichen Leben schätze ich es, wenn ich mich auf andere verlassen kann. Dieselben Anforderungen stelle ich auch an mich.
C *Möglichkeit:* flexibel	Es fällt mir nicht schwer, mich in eine neue Gruppe einzufinden und mich neuen Gegebenheiten anzupassen.
D teamfähig	*Möglichkeit:* In meinem jetzigen Arbeitsbereich klappt die Zusammenarbeit mit den Kolleginnen und Kollegen reibungslos.

5 Setzen Sie die Substantive (Hauptwörter) passend ein.

Aufgabengebiet, Auszubildender, Betrieb, Chancen, Fähigkeiten, Filialnetz, Jahr, Möglichkeiten, Polsterarbeiten, Stand, Tätigkeiten, Technik, Unternehmen, Weiterbildungsangebote, Weiterkommen

A Da bei Ihnen viele *Polsterarbeiten* anfallen, sehe ich größere *Chancen*, meine *Fähigkeiten* einzusetzen.

B Bei dem großen *Filialnetz*, das Sie haben, sehe ich viele *Möglichkeiten* für mein berufliches *Weiterkommen*.

C Ihr *Unternehmen* ist bekannt für seine guten *Weiterbildungsangebote*. Diese möchte ich nutzen, um immer auf dem neuesten *Stand* der *Technik* zu bleiben.

D In unserem *Betrieb* wird in diesem *Jahr* kein *Auszubildender* übernommen. Sie bieten nun ein *Aufgabengebiet* an, das sich weitgehend mit meinen bisherigen *Tätigkeiten* deckt. Deshalb bin ich sehr interessiert, bei Ihnen zu arbeiten.

6 Formulieren Sie Ihren Wunsch nach beruflicher Veränderung positiv und zukunftsorientiert.

A Die Arbeit in unserem Büro ist langweilig. Deshalb möchte ich den Betrieb wechseln.
Möglichkeit: _Ich suche eine interessante Tätigkeit, bei der ich mich weiterentwickeln kann._

B Die Kolleginnen und Kollegen in unserem Geschäft sind ganz in Ordnung, aber mit meinem Chef habe ich doch ab und zu Probleme.
Möglichkeit: _Ich suche eine neue Herausforderung und eine neue Möglichkeit, mein Können zur Geltung zu bringen._

C Die schönen und interessanten Arbeiten werden bei uns den Jungen nicht zugetraut. Da muss man schon Jahrzehnte im Betrieb sein.
Möglichkeit: _Gerne möchte ich das, was ich gelernt habe, auch umsetzen und eine verantwortungsvolle Arbeit übernehmen._

D Hier verdiene ich einfach zu wenig Geld.
Möglichkeit: _Ich freue mich, wenn meine Leistung und mein Einsatz gewürdigt werden._

7 Notieren Sie, wie Sie einen Wechsel der Arbeitsstelle in Ihrem Beruf begründen könnten. *Individuelle Lösung*

Extrablatt

8 Beschreiben Sie, welche Wirkung diese Angaben im Lebenslauf auf eine Personalchefin/einen Personalchef haben könnten.

Angaben im Lebenslauf	Zusätzliche Informationen	Mögliche Wirkung
A Geburtsdatum: 27.09.1978 Geburtsort: Kembs Mutter: Marlies Thews, Bankkauffrau	Bewerbung von Oliver am 14.05.2003, Angaben zum Vater fehlen.	*Zweifel, ob Oliver unabhängig und selbstständig ist, da er mit fast 25 Jahren noch seine Mutter im Lebenslauf erwähnt.*
B Berufliche Tätigkeit: 1 1/2 Jahre bei einem Handelsunternehmen tätig	Zuvor wird die abgeschlossene Ausbildung erwähnt.	*Will Oliver etwas verschweigen, da er weder die genaue Tätigkeit noch den Namen des Unternehmens angibt?*
C Hobbys: Spielen am Computer, Fernsehen		*Seine Hobbys weisen auf keine besondere berufliche Eignung hin.*
D Bad Segeberg, 20.03.2003	Bewerbungsunterlagen treffen am 14.05.2003 im Unternehmen ein.	*Unser Unternehmen ist eines unter vielen, bei denen sich Oliver bewirbt. Er macht sich nicht einmal die Mühe, den alten Lebenslauf zu aktualisieren und neu auszudrucken.*

SICH BEWERBEN

9 Situation

Sie erhalten von Ihrer Arbeitgeberin/Ihrem Arbeitgeber ein Arbeitszeugnis, wenn Sie den Betrieb verlassen. Das Arbeitszeugnis darf keine negativen Formulierungen enthalten. Weniger Positives wird deshalb mit speziellen Formulierungen ausgedrückt.

Schreiben Sie auf, was das einstellende Unternehmen aus den Formulierungen folgern könnte.

Formulierungen im Arbeitszeugnis	Mögliche Bedeutung der Aussage	Was das einstellende Unternehmen folgern könnte
A „Sie erfüllte ihre Aufgaben stets zur vollsten Zufriedenheit."	Sie war eine sehr gute Mitarbeiterin.	*Möglichkeit:* *Diese Frau könnten wir gut brauchen.*
B „Er arbeitete zur vollen Zufriedenheit seiner Vorgesetzten."	Er tat das Nötige, mehr aber nicht.	*Wirklich unmotivierbar?*
C „Er zeigte Verständnis für die anfallenden Arbeiten."	Er zeigte keinerlei Eigeninitiative, war lasch und faul.	*Kann man nicht einstellen.*
D „Er entsprach unseren Erwartungen."	Mit seinen Leistungen waren wir nicht zufrieden.	*Auch bei Personalmangel nicht einsetzbar.*
E „Sie konnte ihre Mitarbeiterinnen und Mitarbeiter gut motivieren."	Sie konnte gut mit dem Personal umgehen.	*Man kann ihr auch schwierige Aufgaben zuteilen.*
F „Er war aktiv und wusste sich gut zu verkaufen."	Er war ein Wichtigtuer, aufdringlich, unangenehm.	*Ist ein Problemfall. Warum sollte man den einstellen?*
G „Sie war freundlich, hilfsbereit und aufgeschlossen."	Die fachliche Leistung fehlt aber eher bei ihr.	*Für anspruchslose Arbeiten vielleicht geeignet.*
H „Er verfügt über Fachwissen und zeigt ein gesundes Selbstbewusstsein."	Sein Selbstvertrauen ist größer als sein geringes Fachwissen. Mit klugen Sprüchen übertüncht er diesen Mangel.	*Für eine Einstellung zu riskant.*

Extrablatt

10

Stellen Sie sich ein Arbeitszeugnis aus. Notieren Sie Ihre persönlichen Daten, beschreiben Sie Ihren Tätigkeitsbereich, Ihr Verhalten gegenüber Kolleginnen und Kollegen sowie gegenüber Vorgesetzten und bewerten Sie Ihren Arbeitseinsatz. Nennen Sie am Schluss den Grund für Ihr Ausscheiden aus dem Betrieb.

Individuelle Lösung

SICH BEWERBEN

VISUALISIEREN

1 a) Lesen Sie den Text.

Die rechte und die linke Hirnhälfte

Unser Gehirn teilt sich in eine rechte und in eine linke Gehirnhälfte, die jeweils verschiedene Aufgaben übernehmen.

Die rechte Hirnhälfte arbeitet „analog",
5 erfasst Dinge ganzheitlich, stellt Zusammenhänge her, fasst Teile zusammen, anstatt sie einzeln zu betrachten. Die rechte Hälfte denkt in Bildern, erinnert an Personen und Gefühle, Erlebtes und Schauplätze.
10 Die kreativen Fähigkeiten sind hier verankert, die Musikalität, das Kunstverständnis, die Fähigkeit zu zeichnen und zu malen. Auch die Körpersprache, die sich in Gestik und Mimik ausdrückt, wird von
15 hier aus gesteuert.

Die linke Hirnhälfte übernimmt das Erlernen und Behalten einer Sprache, das Zerlegen eines Wortes in Buchstaben. Das logische Denken ist hier verankert, das
20 z. B. in der Mathematik und in den Naturwissenschaften eine Rolle spielt, das Gliedern eines Sachverhalts in einzelne Details, das Strukturieren und Planen. Sie ist „digital" organisiert und arbeitet analytisch,
25 ähnlich wie ein Computer, speichert abstrakte Informationen, insbesondere Texte und Tabellen.

b) **Ergänzen Sie die Mindmap, in der dieser Text umgesetzt wird.**

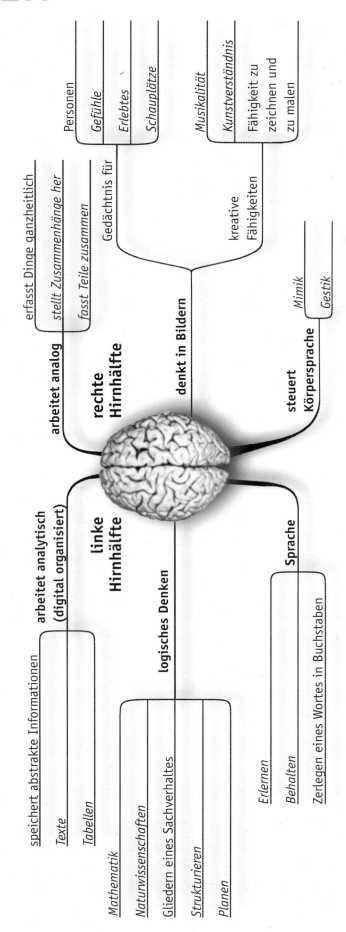

2 Visualisieren Sie die Texte der mittleren Spalte.

Visualisierungsmöglichkeiten	Texte	Visualisierungen
Tabelle **Überschrift** | Jahr\Menge	Bereich I	Bereich II
2000	Menge 1	Menge 1
2001	Menge 2	Menge 2
2002	Menge 3	Menge 3
2003	Menge 4	Menge 4 | × Thema als Überschrift × Angabe zu den Maßeinheiten × Darstellung von Vergleichen und Entwicklungen	Im Ruhrgebiet waren im Mai 2002 in Düsseldorf 8,7% (9,4%), in Duisburg 13,3% (13,6%), in Essen 11,3% (11,6%), in Kleve 7,9% (8,9%), in Mülheim 7,8% (8,1%) und in Oberhausen 10,4% (11,0%) Menschen arbeitslos. In Klammern sind die Zahlen des Vormonats angegeben. *Neue Ruhr Zeitung, 08.05.2002*	**Arbeitslosenzahlen im Ruhrgebiet** Angaben in % |	April 2002	Mai 2002
Düsseldorf	9,4	8,7
Duisburg	13,6	13,3
Essen	11,6	11,3
Kleve	8,9	7,9
Mülheim	8,1	7,8
Oberhausen	11,0	10,4 | *Neue Ruhr Zeitung, 08.05.2002*
Säulen- oder Balkendiagramm **Überschrift** [Säulendiagramm mit Menge auf y-Achse (0–40) und Produkten A–G auf x-Achse] × Thema als Überschrift × Mehrere Größen im Vergleich × Eindeutige und sinnvolle Beschriftung an den Achsen	Die folgenden Angaben geben den Ausstattungsgrad der Haushalte mit langlebigen Gebrauchsgütern wieder. Im Jahr 2000 hatten von 100 Haushalten 95,9 ein Fernsehgerät, 65,9 einen Videorekorder, 18 eine Videokamera, 62,9 eine Hi-Fi-Anlage, 31,5 eine Satellitenempfangsanlage und 54 einen Kabelanschluss. *Statistisches Bundesamt, Zahlenkompass 2001, Wiesbaden*	**Langlebige Gebrauchsgüter in deutschen Haushalten je 100 Haushalte im Jahr 2000** [Balkendiagramm: Gebrauchsgüter – Fernsehgerät, Videorekorder, Videokamera, Hi-Fi-Anlage, Satellitenempfangsanlage, Kabelanschluss; Achse 0–100 Anzahl] *Statistisches Bundesamt, Zahlenkompass 2001, Wiesbaden*
Kreis- oder Tortendiagramm **Überschrift** 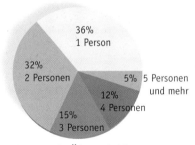 × Thema als Überschrift × Darstellung des Ganzen und seiner Teile in Prozent × Klare optische Trennung der Teilmengen durch verschiedene Farben oder Schraffuren	Im Mai 2000 waren von den Erwerbstätigen 6,6% weniger als 15 Stunden pro Woche tätig, 7,2% 15 bis 20 Stunden, 12,4% 21 bis 35 Stunden, 58,9% 36 bis 40 Stunden und 14,9 % mehr als 41 Stunden. *Statistisches Bundesamt, Zahlenkompass 2001, Wiesbaden*	**Erwerbstätige im Mai 2000 nach geleisteten Wochenarbeitsstunden** 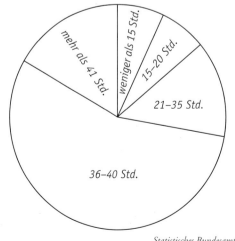 *Statistisches Bundesamt, Zahlenkompass 2001, Wiesbaden*

Visualisierungsmöglichkeiten	Texte	Visualisierungen
Kurvendiagramm **Überschrift** 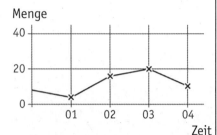 x Thema als Überschrift x Darstellung von Entwicklungen über einen bestimmten Zeitraum x Angabe der Zeit auf der horizontalen Achse x Angabe der Menge auf der vertikalen Achse	Die Ausfuhr von Gütern stieg von 1992 bis 2000 erheblich. So steigerte sich der Warenwert von 685 Mrd. DM im Jahr 1992 auf 700 Mrd. DM im Jahr 1994, auf 790 Mrd. DM im Jahr 1996, auf 950 Mrd. DM im Jahr 1998 bis zu 1180 Mrd. DM im Jahr 2000.	**Deutschland als Handelspartner** *Ausfuhr von Gütern* 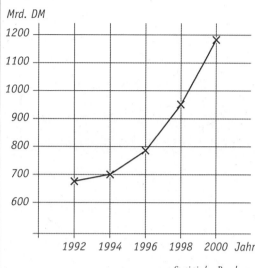 *Statistisches Bundesamt, Zahlenkompass 2001, Wiesbaden*
Strukturbild **Überschrift** x Thema als Überschrift x Darstellen von Beziehungen und Abhängigkeiten x Darstellen von Ursache und Wirkung	Viele Auszubildende stehen in der Ausbildung vor immer neuen unbekannten Aufgaben. Oft denken sie: „Das kann ich nicht." Dieses negative Denken kann zu ängstlichem und übervorsichtigem Handeln führen. Daraus entstehen Fehler und Misserfolge. Der Chef ist unzufrieden und kritisiert die Leistung. Dieses nennt man auch negatives Feedback. Es ist ein Teufelskreis: Das Gefühl des Versagens und der eigenen Unfähigkeit verstärkt sich. Es scheint, als sei das anfängliche negative Denken richtig gewesen.	**Der Teufelskreis des negativen Denkens** 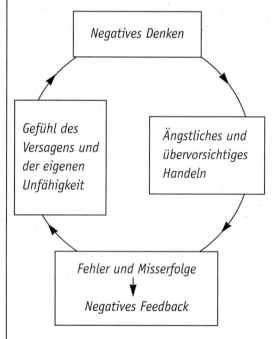

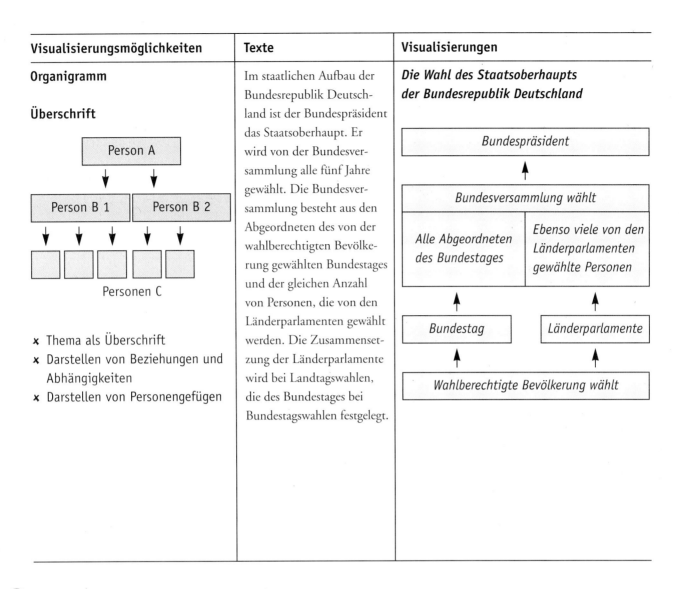

3 Visualisieren Sie den folgenden Text.
Wählen Sie dazu eine geeignete Visualisierungsmöglichkeit aus Aufgabe 2.

Im Jahr 1999 hatten von 1000 Schülerinnen und Schülern nach Verlassen einer allgemein bildenden Schule 84 keinen Hauptschulabschluss, 244 den Hauptschulabschluss, 374 den Realschulabschluss und 235 die allgemeine Hochschulreife oder die Fachhochschulreife.

Statistisches Bundesamt, Zahlenkompass 2001, Wiesbaden

4 Erstellen Sie zu dem Text ein Strukturbild.

Ein Berufsfeld fasst Berufe mit ähnlicher Grundbildung zusammen, um die berufliche Flexibilität zu erhöhen. Im Berufsfeld Farbtechnik und Raumgestaltung sind die gestaltenden Berufe zusammengefasst, die ein vergleichbares Aufgabenfeld haben und mit ähnlichen Werkstoffen umgehen. Dazu gehören der Maler und Lackierer, der Fahrzeuglackierer, der Lackierer (Holz und Metall), der Schilder- und Lichtreklamehersteller, der Schauwerbegestalter, der Raumausstatter und Vergolder.

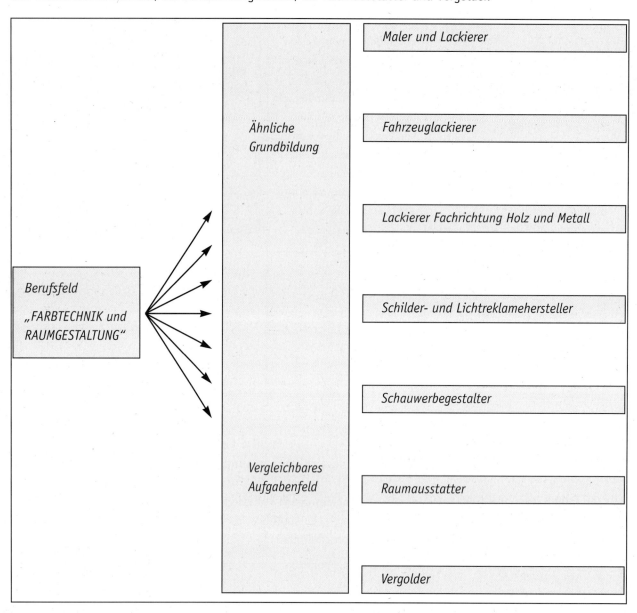

5 Visualisieren Sie folgende Informationen.

Möglichkeit:

Wir verankern in unserem Gedächtnis von dem, was wir lesen, nur 10 %. Ähnlich erstaunlich ist die Tatsache, dass wir nur 20 % von dem behalten, was wir hören. Wenn wir etwas sehen, wird die Verankerung im Gedächtnis schon etwas besser, immerhin 30 % davon bleibt haften. Sehen und hören wir gleichzeitig etwas, behalten wir schon 50 %. Und von dem, was wir selbst sprechen, speichern wir 70 %. Am besten verankert werden Dinge, die wir selbst tun, nämlich 90 %.

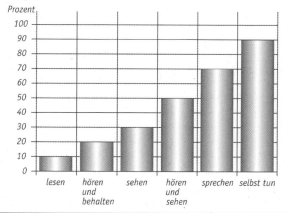

6

a) Formulieren Sie für den folgenden Text eine passende Überschrift.

Individuelle Lösung

Wer eine Präsentation, ein Referat oder eine Rede vorbereitet, wird darauf achten, dass alle Inhalte korrekt, gut strukturiert und für das Publikum interessant sind. Doch es kommt nicht nur auf den Inhalt an, sondern auch auf die „Verpackung". Zur „Verpackung" gehört neben der Visualisierung die Rednerin/der Redner selbst. So hat man festgestellt, dass bei einer Präsentation nur zu 5 % der Inhalt für die Wirkung verantwortlich ist, dagegen aber 40 % der Stimme zugeschrieben werden können und mit 55 % wirkt die Körpersprache auf die Zuhörer/innen.

b) Visualisieren Sie den Text.

Die Wirkung bei einer Präsentation

Möglichkeit:

- 40 % Stimme
- 5 % Inhalt
- 55 % Körpersprache

7

a) Lesen Sie den folgenden Text.

Die Angst der Manager/innen
Teurer Griff zu Arzneimitteln

Wie eine Langzeitstudie der Fachhochschule Köln ergeben hat, grassiert in den Führungsetagen deutscher Unternehmen die Angst vor dem Scheitern und sie ist umso stärker, je tiefer man fallen könnte. Da Angst aber nicht zum Image der Manage-
5 rin/des Managers gehört, wird sie beharrlich verdrängt – mit fatalen Folgen nicht nur für die Betroffenen, sondern auch für die Wirtschaft und das Gesundheitswesen. Allein den Unternehmen entstehen infolge solcher Ängste jährliche Verluste von 50 Milliarden Euro. Die meisten Betroffenen sind allen
10 Bemühungen zum Trotz in ihrer Leistungsfähigkeit eingeschränkt. Besonders schlimm wird es, wenn sie zu Alkohol und Medikamenten greifen. Allein der Arzneimittelmissbrauch von Managerinnen/Managern verursacht jährliche Kosten von 10 Milliarden Euro, da von einer Leistungsminderung von 20
15 Prozent ausgegangen werden kann.

Auf der Angstskala rangiert an oberster Stelle die Sorge um den Arbeitsplatz, zu der sich 70 Prozent der befragten Führungskräfte bekennen. Mit 68 Prozent folgt die Angst vor Krankheit oder einem Unfall. Unter den jüngeren Manage-
20 rinnen und Managern liegt die Rangfolge umgekehrt. Sie fürchten sich am meisten davor, krank zu werden und während dieser Zeit von einer Konkurrentin oder einem Konkurrenten ausgestochen zu werden. An dritter Stelle steht die Angst davor, Fehler zu machen. Sehr groß ist ferner die Angst
25 vor gezielten Falschinformationen vonseiten missgünstiger Rivalinnen und Rivalen.

Gerade letztere Angst ist in den letzten Jahren von 32 auf 44 Prozent gewachsen. Mobbing macht auch vor den Führungsetagen nicht Halt. Auffällig sind auch die folgenden Verände-
30 rungen: Von März 1997 bis März 2000 stieg die Furcht vor einem Autoritätsverlust von 29 auf 35 Prozent, vor Innovationen im Betrieb von 27 auf 34 Prozent und vor Überforderung infolge überhöhter Leistungsanforderungen von 13 auf 19 Prozent. Einen Ausweg kann es den Kölner Wirtschaftswis-
35 senschaftlern zufolge nur geben, wenn die Angst enttabuisiert wird, wenn offen darüber gesprochen wird. In Unternehmen muss eine Kultur des offenen Gesprächs eingeführt werden, wo Manager/innen ihre Sorgen artikulieren dürfen.

Schwäbisches Tagblatt, 05.07.2000

Extrablatt

b) Visualisieren Sie jeden Abschnitt mit einer geeigneten Möglichkeit. Setzen Sie über jede Darstellung eine passende Überschrift.

Individuelle Lösung

PROTOKOLLIEREN

1 Situation

Am Mittwoch, dem 5. Juni 2002, diskutierte die Klasse BK 1C des Sophie-Scholl-Berufskollegs im Deutschunterricht bei Frau Vogt über das Thema „Hotel Mama". In den vorangegangenen Stunden hatten sie Regeln für das Führen einer Podiumsdiskussion erarbeitet und nun sollte eine Diskussion mit 24 Schülerinnen und Schülern und einer Diskussionsleitung durchgeführt werden. Als Gesprächsleiterin meldete sich Ina Brandin und für das Protokoll ließ sich Andreas Wieser gewinnen. Um 11:30 Uhr eröffnete Ina die Diskussion.

Vervollständigen Sie mit diesen Angaben den Kopf für ein Stundenprotokoll.

Protokoll einer Diskussion im Deutschunterricht

Ort: Sophie-Scholl-Berufskolleg, Duisburg, Raum 123

Datum: 05.06.2002

Beginn: 11:30 Uhr

Teilnehmer/innen: Klasse BK 1C

Leiterin: Ina Brandin

Protokollant: Andreas Wieser

Tagesordnung: Diskussion zum Thema „Hotel Mama"

2 Grammatik

Formulieren Sie die Aussagen in indirekter Rede in direkte Rede um. Belassen Sie den Einführungssatz (Sie/Er sagte) und schließen Sie ihn mit einem Doppelpunkt ab. Setzen Sie die wörtliche Rede in An- und Abführungszeichen.

A Sie sagte, dass viele der Schüler/innen von dem Thema betroffen seien.

Sie sagte: „Viele von uns sind von dem Thema betroffen."

B Er sagte, dass er froh sei, wenn er nach der Gesellenprüfung einen Arbeitsplatz bekäme und sein eigenes Geld verdiene.

Er sagte: „Ich bin froh, wenn ich nach der Gesellenprüfung einen Arbeitsplatz bekomme und mein eigenes Geld verdiene."

C Sie sagte, dass sie gern in eine eigene Wohnung ziehen möchte.

Sie sagte: „Ich möchte gern in eine eigene Wohnung ziehen."

Protokollieren

Vorarbeit
- Anwesenheitsliste vorbereiten

Aufbau
Anlass des Protokolls

Kopfdaten
Ort
Datum
Beginn
Teilnehmer/innen
Leiter/in
Protokollant/in

Tagesordnung

- Ergebnisse und wesentliche Beiträge entsprechend der Tagesordnung zusammenfassen
- Die verabredeten Beschlüsse und Zeiten notieren

Schluss
Ende mit Uhrzeit
Unterschriften
(Leiter/in und Protokollant/in)

Zeitform
- Präteritum (Vergangenheit)

Sprache
- Sachlich, genau
- Vollständige Sätze
- Indirekte Rede bei der Wiedergabe von Redebeiträgen
  („Es wurde betont, dass es notwendig sei ...")

Besonderheiten
- Anträge wörtlich zitieren
- Bei Diskussionen kurz die verschiedenen Standpunkte wiedergeben
- Anlagen beifügen

D Er sagte, dass das Wohnen zu Hause eine Menge Geld spare.

Er sagte: „Das Wohnen zu Hause spart eine Menge Geld."

E Sie sagte, dass man sich später mehr gönnen könne, wenn man spare.

Sie sagte: „Wenn man spart, kann man sich später mehr gönnen."

F Er sagte, dass man für Einkaufen, Putzen und Wäschewaschen viel Zeit vergeude.

Er sagte: „Für Einkaufen, Putzen, Wäschewaschen vergeudet man viel Zeit."

G Sie sagte, dass es einfacher sei, wenn die Mutter diese lästigen Arbeiten erledige.

Sie sagte: „Es ist einfacher, wenn die Mutter diese lästigen Arbeiten erledigt."

H Sie sagte, dass die Nesthocker es sich auf Kosten der Mutter bequem machten.

Sie sagte: „Die Nesthocker machen es sich auf Kosten der Mutter bequem."

I Sie sagte, dass sie ihre Freiheit in einer eigenen Wohnung genießen wolle.

Sie sagte: „Ich will meine Freiheit in einer eigenen Wohnung genießen."

3 Situation

Die Klasse BK 1C am Berufskolleg in Duisburg beriet in der Politikstunde (10:10–10:55 Uhr) am 17.06.2002 über das Ziel ihrer Klassenfahrt. Die Rahmenbedingungen waren bereits geklärt. Es stehen fünf Tage zur Verfügung, die Gesamtkosten sollen 150 € nicht überschreiten. Zwei Gruppen waren aufgefordert, Informationen zu sammeln und konkrete Vorschläge auszuarbeiten.
Die Klassensprecherin, Vanessa, leitete die Diskussion. Selim führte das Protokoll.

Vanessa: Nachdem die Betriebe die Zustimmung zu unserer Klassenfahrt gegeben haben, wollen wir heute über das Ziel beraten. Ich bitte die beiden Gruppen, die sich vorbereitet haben, ihre Ziele vorzutragen.

Nina: Unsere Gruppe hat Prag ausgewählt. Es gibt zwei Anreisemöglichkeiten mit dem Bus, entweder abends oder in den frühen Morgenstunden. Wenn wir abends, d. h. über Nacht, fahren, könnten wir den folgenden Tag voll nutzen. Es gibt dort sehr gute und preiswerte Unterbringungsmöglichkeiten direkt im Zentrum, sodass wir nicht lange fahren müssen, um zu den zahlreichen kulturellen Sehenswürdigkeiten zu kommen. Dieser Vorschlag liegt mit 135 € unter unserem Limit.

Mike: Ich stelle euch „Berlin" vor. Die Anreise mit dem ICE ist superschnell. Wenn wir dort ankommen, sind wir fit und können gleich losgehen. Die Unterbringung ist am Potsdamer Platz, also ganz zentral. Das Wichtigste finde ich aber, dass wir die Wiedervereinigung nur im Kindesalter erlebt haben und es für uns wichtig ist, uns mit der Geschichte Berlins zu befassen. Die meisten von uns waren noch nicht in Berlin und wir fänden es toll, dieses gemeinsam zu erleben.

Vanessa: Wir haben jetzt diese beiden Vorschläge gehört. Gibt es dazu noch Fragen?

Jasmin: Gibt es denn jeweils ein Programm?

Mike: Ja, wir haben etwas ausgearbeitet und die andere Gruppe für Prag ebenfalls. Es ist aber sinnvoll, erst nach der Entscheidung für den Ort darüber zu sprechen.

Lisa: Ich fände Berlin toll. Da war ich noch nicht. Ich möchte gern in den Bundestag und so und wir haben durch die kurze Anreise viel mehr Zeit.

Sascha: Ja genau, Prag ist zwar billiger, aber wir sitzen die halbe Zeit im Bus und sind kaputt, wenn wir ankommen.

Erkan: Ich finde Prag blöd. Was soll ich denn da. Dann lieber nach Istanbul.

Mona: Nun red doch kein Blech. Hier geht's nicht um Istanbul. Außerdem kennst du das doch.

Helge: Nach Berlin komm ich immer noch. So weit ist das ja nicht. Deshalb möchte ich lieber nach Prag.

Alexander: In den Nachrichten sieht man immer wieder Bilder vom Brandenburger Tor und so, das muss man doch mal gesehen haben.

Vanessa: Ich schlage vor, wir stimmen jetzt ab. Wer ist für Berlin? Ah, 15 von 24. Wer ist für Prag? 8, Luigi enthält sich. In der nächsten Stunde werden wir über das genaue Programm sprechen.

> **Extrablatt**

Schreiben Sie zu der Klassensitzung ein Protokoll.
Individuelle Lösung

Stoffübersicht

Arbeitstechniken
Arbeit mit
- Folien .... S. 52 f.
- Karten .... S. 50

Einsatz von
- Kreisdiagramm .... S. 73
- Kurvendiagramm .... S. 35, 74
- Mindmap .... S. 51, 72
- Organigramm .... S. 75
- Säulendiagramm .... S. 73
- Strukturbild .... S. 74
- Tabelle .... S. 73

Weitere Arbeitstechniken (z.B. Ankreuzen, Einrahmen, Markieren, Unterstreichen) in den einzelnen Aufgaben

Grammatik
Adjektiv (Eigenschaftswort) .... S. 8 f.
Indikativ (Wirklichkeitsform) .... S. 78 f.
Konjunktiv I (Möglichkeitsform) .... S. 78 f.
Präteritum (Vergangenheit) .... S. 7, 11 f., 12 f.
Relativpronomen (bezügliches Fürwort) .... S. 55
Vergleich .... S. 9

Rechtschreibung
Adjektiv (Eigenschaftswort) .... S. 28, 33
Anredepronomen (Anredefürwort) .... S. 61, 65
Straßennamen .... S. 66, 68
Substantiv (Hauptwort) .... S. 31, 38, 61

Zeichensetzung
Aufzählung .... S. 32
Dass-Satz .... S. 39
Satzgefüge .... S. 12, 43
Wörtliche Rede .... S. 78 f.

Kommunikationshilfen
Aktives Zuhören .... S. 57
Diskussionsregeln .... S. 43
DU-Botschaften .... S. 49
ICH-Botschaften .... S. 49
Partnerschaftliche Kritik .... S. 49
Stellungnahme .... S. 45